Frankfurt plus

44 Gastronomie-Oasen
+ 66 Erlebnistipps

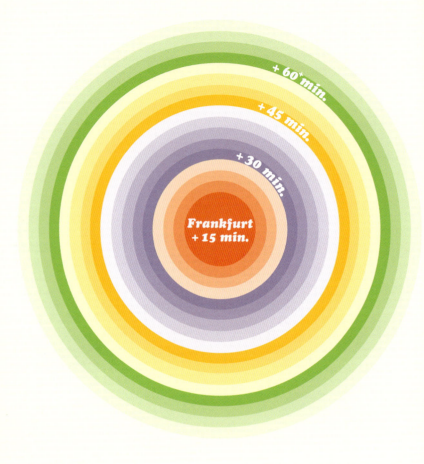

Neben 44 sorgfältig ausgewählten, verschiedensten Wohlfühlorten erwarten Sie 66 Erlebnistipps, die einen Restaurantbesuch zum runden Ganzen machen.

Ein weiteres Plus sind acht ganz besondere Einkaufsadressen rund um erlesene Nahrungsmittel, vom Apfelbauernhof mit eigenem Ausschank bis zur Feinkosthalle der Frankfurter Gastronomen.

Auch Hundebesitzer finden auf Anhieb heraus, ob ihr vierbeiniger Liebling im Restaurant gerne gesehen wird.

Frankfurt plus –
der Genießer-Guide für die 5-Millionen-Region

Frankfurt und die Region Rhein-Main haben in den letzten Jahren eine neue Zuneigung füreinander entdeckt – vorbei sind die Vorurteile über die unlebbare Metropole und die Großstadt fixierte Abneigung gegen die so vielfältigen Landschaften in Rhein-Main. Eine neue Faszination und wachsendes Selbstbewusstsein kennzeichnen einen der lebendigsten Lebensräume mitten in Europa.

Frankfurt/ Rhein-Main fordert zum Entdecken und Genießen heraus! Eine kurze Autofahrt nur, und Sie sitzen bei vino und pasta auf einer der schönsten Natur-Terrassen; in einem Landgasthof mit rustikaler Küche und sagenhaftem Blick; oder mit einem Glas Wein, geborgen zwischen Reben und Rhein. **44 Wohlfühlorte** in der Region Rhein-Main, zum Ankommen, zum Verweilen und zum Erkunden. Denn neben gutem Essen in einzigartiger Umgebung gibt es zusätzlich immer ein besonderes **Plus** zu entdecken. Einmalige Natur, die zum ausgedehnten Spaziergang verführt, ein anregender Architektur-Rundgang in einer idyllischen Altstadt, eine ausgefallene Einkaufsadresse, eine besondere Ausstellung in einem Museum. Frankfurt plus ist kein weiterer polarisierender Restaurant-Kritiker, sondern ein hochwertiger, lebensnaher Genießer-Guide, der Sie ganz nach Lust, Laune und Zeitbudget innerhalb von 15, 30, 45 oder 60 Autominuten zu unentdeckten Orten des Lebens navigiert.

In den letzten beiden Jahren habe ich rund 600 Gastronomie-Betriebe persönlich besucht und mich für 44 herausragende Highlights entschieden.

Frankfurt/Rhein-Main fasziniert. Viel Vergnügen beim Ausprobieren und Genießen, fahren Sie einfach los!

Ulrike Klinke-Kobale

Plus 15 min.

Schwedlersee - *Die Bar am See - Seite 6*
Iimori - *Japanische Café-Oase am Römer - Seite 8*
Goetheruh - *Kleines Landhaus im Stadtwald - Seite 10*
Michael Risse - *Welcome to the Club - Seite 12*
Bockenheimer Weinkontor - *Weingarten im Großstadtdschungel - Seite 14*
Biancalani Enoteca - *Toskana am Main - Seite 16*
Restaurant Café Siesmayer - *Unter Palmen und Olivenbäumen - Seite 18*
Ernos Bistro - *Stern mit Bodenhaftung - Seite 20*
Grossmanns - *Junge Küche im alten Hoechst - Seite 22*
Brentanogarten - *Schwimmbad-Gastronomie mit Herz - Seite 24*
Palast-Bistrot - *Tête-à-Tête im Varieté-Gewölbe - Seite 26*

Plus 30 min.

Kaisertempel - *Italiener mit Weitblick - Seite 28*
A la carte - *Ein Ausflug mit Jugendstil - Seite 30*
Das Kochatelier - *Zuhause beim Sternekoch - Seite 32*
Zum Treppchen - *Rheingau mit Herz - Seite 34*
Hofgut Patershausen - *Biogarten - Seite 36*
Domäne Mechtildshausen - *Marktplatz der Natur - Seite 38*
Apfelweinstube im Himmelreich - *Apfelwein überm Rhein - Seite 40*
Die Dint - *Refugium in der Altstadt - Seite 42*
Zum Wasserweibchen - *Klassische Hausfrauenküche - Seite 44*
Gollner`s - *Kulinarische Burgfestspiele in Wiesbaden - Seite 46*
La Villa - *Die Opelvillen am Mainufer - Seite 48*

Plus 45 min.

Schöne Aussicht - Kulinarische Überraschung aus dem Odenwald - *Seite 50*
Hofgut Langenau - Historisches Landgut direkt am Rhein - *Seite 52*
Adler Wirtschaft - Der wahre Stern im Rheingau - *Seite 54*
Brentanohaus - Wein und Kultur - *Seite 56*
Schönbusch - Kleinod am See - *Seite 58*
Der Höerhof - Schönster Innenhof Idsteins - *Seite 60*
Landsteiner Mühle - Österreich im Taunus - *Seite 62*
Kapellengarten - Vesper in der Toskana am Rhein - *Seite 64*
Eichelbacher Hof - Winterspaziergang ins 16. Jahrhundert - *Seite 66*
Goldene Nudel - Cantina Curiosa - *Seite 68*
Grossfeld - Entspannte Haute Cuisine - *Seite 70*

Plus 60+ min.

Kirchberghäuschen - *Autofreies Juwel auf dem Bensheimer Weinberg* - *Seite 72*
Farmerhaus - *Afrika-Afrika in Groß-Umstadt* - *Seite 74*
Lohmühle - *Idyll am Bach* - *Seite 76*
Jagdhaus Haselruhe - *Haus am Weiher* - *Seite 78*
Villa am Sattelberg - *Naturpark Spessart* - *Seite 80*
Gebrüder Meuerer - *Der Ort an dem Zitronen blühen* - *Seite 82*
Werner Senger Haus - *Historisches Limburg* - *Seite 84*
Wartenberger Mühle - *Ein Wochenende in der schönen Nordpfalz* - *Seite 86*
Alte Villa - *Café-Oase im Wispertal* - *Seite 88*
Taufsteinhütte - *Wanderbarer Vogelsberg* - *Seite 90*
Die 3 im Spessart - *Ausflug nach Bayern* - *Seite 92*

Extra

 Einkaufen - *Originelle Adressen* - *Seite 94*

Schwedlersee
Die Bar am See

Schwimmclub Schwedlersee

Ab April/Mai bis September, Mo Ruhetag, Di - Fr 12 - 24 Uhr,
Sa 16 - 24 Uhr, So 12-24 Uhr

Tel 069 - 37 30 49 07

E-Mail kontakt@schwedlersee.de
Web www.schwedlersee.de

Navi Lindleystraße 31/Schwedlerweg, neben Wasserschutzpolizei

Plus Dialogmuseum. „Nicht sehen trennt die Menschen von den Dingen. Nicht hören trennt die Menschen von den Menschen" (Immanuel Kant). Tauchen Sie ein in die Welt der Blinden und versuchen Sie diese ein wenig zu erfühlen. Tiefgreifende Erfahrung! Tel. 069 - 90 43 21 44, www.dialogmuseum. de. Di - Fr 9-17 Uhr, Sa, So, Feiertage 11-19 Uhr, Mo Ruhetag, Hanauer Landstr. 137-145, 60314 Frankfurt

 Hunde erlaubt

Speakeasy im Osten. *Ausgerechnet hinter der umtriebigen Hanauer Landstraße findet sich ein kleines Natur-Idyll. Luxus ist heute Zeit und Einfachheit. Und genau darum geht es hier. Die Speisen sind einfach und schmecken. Und wer hier eine Stunde seiner Zeit verbringt, tut sich etwas Gutes. Blick aufs Wasser des Schwedlersees, ein Steak vom Grill. Mehr braucht man nicht, um runterzukommen und das Tempo der Stadt hinter sich zu lassen. Geheimtipp!*

Wer kennt sie nicht, die Hanauer Landstraße? Möbel- und Autohäuser, Waschstraßen und Outlets aller Art ziehen Massen an – und abends ist die Szene dran. Inmitten dieses Hypes gibt es ein Geheimnis, eine kleine Oase, mitten in der Stadt. Es ist der Schwedlersee, nur 9.500 qm groß mit einer Tiefe von durchschnittlich 2,40 Meter, seit 1921 Sommerdomizil des ersten Frankfurter Schwimmclubs, ein Mini-Biotop, in dem sich zahlreiche Wasservögel und nahezu alle heimischen Fischarten tummeln. Eine grüne Insel in der Großstadt, auf der es sich gut entspannen lässt. Und die Krönung dieses Kleinods ist die Bar am See. Simple Holzstühle und -tische, man sitzt direkt am Wasser und freut sich an der einfachen, guten hessisch-mediterranen Küche. Wie im Urlaub, so schmeckt es hier. Das Motto: Die einfachen Gerichte, mit Liebe zubereitet, sind oft die besten, vor allem dann, wenn man sie im Sommer an der Luft genießen kann. Frische Kräuter sind ein Thema, frische Zutaten sowieso. Eingekauft wird in der Region, auf Fertigprodukte verzichtet. Die Speisekarte ist klein und liest sich so: Frankfurter Grüne Soße aus Oberräder Kräutern mit Bio-Eiern und Pellkartoffeln, Schafskäse aus dem Ofen, mariniert mit frischem Rosmarin, Thymian und hausgemachtem Knoblauch-Öl, Beilagensalat, Penne-Salat mit Kräutermarinade & Tomatensugo, getrockneten Tomaten, Rucola, frischem Parmesan. Stimmung kommt auf, wenn die Vogelsberger Kartoffelbratwurst oder das Rumpsteak auf dem Holzkohlengrill liegt. Dazu schmeckt der hausgemachte Kartoffelsalat oder die guten Rosmarinkartoffeln. Und wie wäre es mit einem Vinho Verde oder einem Mojito mit frischer Minze? Das ist Urlaub in und von der Großstadt. Mitten in Frankfurt am Main!

Fotos: Marie Hirschnitz, Karsten W. Rohrbach

Plus 15 min.

Schwedlersee, Schwedlerweg
Osthafen, 60314 Frankfurt

Iimori
Japanische Café-Oase am Römer

Mo - Fr 9 -19 Uhr, Sa, So 10 -19 Uhr
Tel   069 - 97 76 82 47
Navi   Braubachstraße 24, 60311 Frankfurt am Main
Plus   Besuch beim legendären Nachbarn „Antiquitäten Magus", Braubachstraße 26, Tel: 069 - 282835, Öffnungszeiten: Mo - Fr 10 - 18.30 Uhr, Sa 10-18 Uhr, aus dessen Fundus viele der Möbel ins Café wanderten. Und beim originellen Shop „Made in happy Germany", Braubachstraße 15 („Happy Germany Platz"), 60311 Frankfurt am Main, Öffnungszeiten: Do - Sa 15 - 19 Uhr, Tel. 0163-66 22 059, www.madeinhappygermany.de. Um die Ecke: MMK, das Museum für Moderne Kunst

    Hunde erlaubt

Wohnzimmer aus Fernost. Japanische Backkunst mitten in Frankfurt am Main, das ist das Iimori, benannt nach seiner umtriebigen Besitzerin Azko Iimori. Hier bekommen Sie feine Kuchen aus Fernost. Und dazu eine ganz besondere Pause vom Tempo der nahen City. Man sitzt gemütlich in geblümten Sesseln, trinkt japanische Tees, isst dazu das passende Gebäck. Und das mitten in Frankfurt am Main. Perfekt!

Grünteetorte, japanischer Baumkuchen, nur wenige Meter vom Frankfurter Römer entfernt zeigt Azko Iimori japanische Backkunst vom Besten. Die 44-jährige Japanerin und mehrfache Gastronomin erfüllte sich einen Kindheitstraum und eröffnete mitten in der City das gleichnamige Cafe Iimori. Torten und Gebäck aus Fernost ohne künstliche Zusätze locken Landsleute aber auch viele Frankfurter und Touristen aller Nationen in das einmalig charmante Café. Viele machen, beladen mit Einkaufstüten, hier eine entspannende Rast. Ein wenig wie bei Oma sitzt man in gemusterten Sesseln, zusammengesucht aus diversen Epochen. Plötzlich spielt jemand das Klavier. Doch nicht, es ist ein elektrisches und scheppert ein wenig blechern. Gemütlicher und skurriler geht es nicht, kaum zu glauben, dass wenige Meter entfernt die Stadt vor Touristen brummt. Neben feinen japanischen Backwaren bekommt der Gast auch Baguettes nach original französischer Art, denn Iimoris Backmeister lernten in Paris. Zum Gebäck trinkt man japanische Tees, aber gerne auch Kaffee. Dieser einmalige internationale Ort könnte in jeder Metropole der Welt existieren, in Paris, London oder in New York. Besonders schön, dass er ausgerechnet hier in der kleinen Metropole Frankfurt am Main seinen Platz gefunden hat. Passt perfekt, geben wir nicht wieder her!

Plus 15 min.

Iimori Patisserie, Braubachstraße 24
60311 Frankfurt

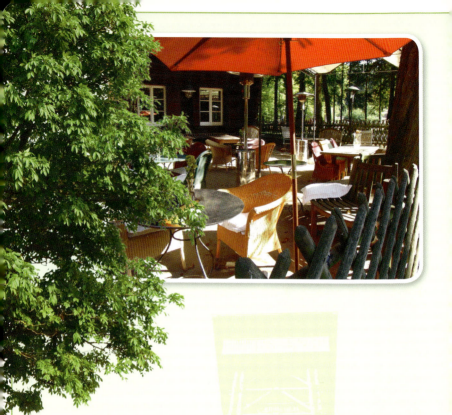

Goetheruh
Kleines Landhaus im Stadtwald

Im Winter von 14 - 18 Uhr, im Sommer von 10 - 22 Uhr, kein Ruhetag

Tel   069 - 686830

Navi   60599 Frankfurt am Main, Wendelsweg/Sachsenhäuser Landwehrweg

Plus   Machen Sie einen Spaziergang im Stadtwald und erklimmen Sie außerdem die 196 Stufen des Goetheturms, ein vollständig aus Holz gebauter, 43 Meter hoher Aussichtsturm! Für Kinder ein Must: der Spielplatz am Goetheturm und bei heißem Wetter zu den Wasserspielen am nahen Spielplatz Scheerwald.

Hunde erlaubt

Stadt-Oase, gleich um die Ecke. Es gibt sie, die Adressen, die man in zehn Minuten erreichen kann und sich bereits weitab vom Großstadtdschungel wähnt. Die kleine Gaststätte Goetheruh zählt zu diesen Stadt-Oasen. Erwarten Sie keine opulente Gastronomie, hier bekommen Sie einfache Speisen, im Sommer ist die Karte ausladender, im Winter eher klein. Immer gut: die hausgemachten Suppen und Kuchen. Ein Ort zum Wohlfühlen, für die kleine Pause vom Alltag, mitten im Stadtwald.

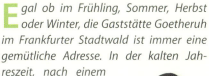

Egal ob im Frühling, Sommer, Herbst oder Winter, die Gaststätte Goetheruh im Frankfurter Stadtwald ist immer eine gemütliche Adresse. In der kalten Jahreszeit, nach einem ausgiebigen Spaziergang, ist das kleine Häuschen mit seinem wohnzimmergroßen Gastraum vielleicht noch charmanter und besonders heimelig. Gemütlicher Landhausstil mit Korbstühlen, farbige Wände - geschmackvoll und unprätentiös. Die Speisenkarte ist, passend zum Ort, klein und stimmig. Die

selbstgebackenen Kuchen sind köstlich, im Winter freuen sich durchgefrorene Gäste über frisch zubereitete, dampfende Suppen, wie die köstliche Kürbissuppe. Vorwiegend kleine Speisen werden serviert. Weißwürste mit Brezeln zum Beispiel, oder deftiger Handkäse mit Musik, dazu gibt es knuspriges Landbrot. Solch rustikale Kleinigkeiten sind genau das Richtige nach einem langen Spaziergang in der Natur. Im Sommer ist es die Terrasse, die Jung und Alt an den Goetheturm zieht. Der angrenzende schöne Spielplatz lockt tagsüber auch Familien mit Kindern an. Die Speisenkarte geht mit Maultaschen, Eiskugeln und selbst gemachten Pommes auch auf die Wünsche der kleinen Gäste ein. Omas aus Sachsenhausen sitzen neben Müttern eisschleckender Kinder, jungen Paaren und Bankern in der Mittagspause. Hier ist genug Platz für alle.

Plus 15 min.

Goetheruh, Zum Goetheturm 1
60599 Frankfurt

Michael Risse
Welcome to the Club

Mo - Fr 16 - 20 Uhr, Sa Abholtag von 11 - 15 Uhr
Tel   069 - 59 10 65 oder 069 - 55 55 90

Web   www.macrisse.de

Navi   Humboldtstraße 59, 60318 Frankfurt

Plus   Erst beim Risse einkaufen, danach ab ins Stalburg-Theater, dessen Chef Michi Herl dem Risse in Sachen Frankfurter Genialität wenig nachsteht. Das kleine Theater im ehemaligen Tanzsaal einer uralten Apfelweinkneipe (Glauburgstraße 80) bietet täglich ein originelles Programm mit Theater, Kabarett und Musik. Büro und Vorverkauf: Spohrstraße 39, 60318 Frankfurt, Tel. 069-256 277 44, www.stalburg.de

Hunde unerwünscht

Feinkost-Anarcho. Bei Michael Risse gibt es Feinkost per E-Mail-Depesche. Vom Softshellkrebs über Wachtelbrüstchen, Kaninchenfilet und Entrecôte vom US-Beef bis hin zu Mortadella vom Wildschwein, Ravioli mit Pfifferlingen und Löwenzahn aus Nordfrankreich ist dort so ziemlich alles zu haben, was der Feinschmecker begehrt – von der großen Auswahl bester Weine ganz zu schweigen. Und das Beste ist für viele der Risse selbst.

Sie müssen den Kerl ja nicht mitkaufen. Der Kerl, das ist er, der ungekrönte König der oberen Humboldtstraße, der Herr über 1000 verstaubte, kostbare Kristallgläser, Inhaber des trockensten Humors der westlichen Welt, der Kauz, der Knodderer, der selbst ernannte Feind aller SUV-fahrenden Anwaltsgattinnen undsoweiterundsofort. So viel zu Michael Risse, Hüter des schrulligen Lädchens im Frankfurter Nordend. Doch wie alles und jeder hat auch dieser Mann zwei Seiten. „Der Risse", wie alle Welt inklusive seiner Gattin ihn nennt, kann auch ein perfekter Charmeur der Alten Schule sein, ein Ausbund an Güte und Freundlichkeit – vor allem aber ist der Risse einer der besten Weinkenner Frankfurts und ein Feinschmecker vor dem Herrn. Der Risse und vor allem seine Frau führen einen Betrieb, den man ohne Übertreibung als eine der ersten Adressen für feinste Lebensmittel und Weine nennen darf. Aber einfach hingehen und einkaufen? Nein, nein. Nicht beim Risse. Wer dort Kunde sein möchte, der muss sich zuvor als Clubmitglied anmelden, um schließlich wöchentlich die E-Mail-Depesche des Risse zu erhalten. Die Clubbedingungen sind allerdings knallhart:

`Ne Flasche Wein und ein Huhn sind pro Monat durch persönliches Erscheinen vor Ort zu erwerben. Neben einer mehr oder minder kurzen Risseschen Einschätzung der Weltlage enthält die Rundmail Angebote erster Güte. Alles in erster Qualität und für extrem faire Münze. Samstags kann die Ware dann abgeholt werden. Also alles prima – wenn der Risse nicht wäre. Aber, wie gesagt: Sie müssen den Kerl ja nicht mitkaufen. Den Job hat seine Gattin, die Grundgütige, bereits vor Jahrzehnten übernommen.

Michael C. Risse, Humboldtstraße 59
60318 Frankfurt

Bockenheimer Weinkontor
Weingarten im Großstadtdschungel

Täglich ab 19 Uhr

Tel 069 - 70 20 31

Web www.bockenheimer-weinkontor.de

Navi Bockenheimer Weinkontor, Schloßstraße 92, Hinterhaus
60486 Frankfurt-Bockenheim

Plus Mal eine Pizza auf die Hand! Um die Ecke, in der Adalbertstraße, ist einer der besten Stehitaliener Frankfurts, Mario & Lino, Adalbertstraße 37 60486 Frankfurt; Tel 069-77 340 5

Hunde erlaubt

In vino veritas! Hier bekommen Sie offene Weine, Kleinigkeiten zu essen, sitzen in einem lauschigen Hinterhof und können gelöst den Tag ausklingen lassen. Es herrscht die Qualität der Einfachheit (Selbstbedienung). Und das mitten in Bockenheim. Einfach und gut!

Diesen ungewöhnlichen Ort erwartet man nicht in Frankfurt Bockenheim, zwischen grauen, uniformen Häuserzeilen, direkt neben der Polizeiwache. Schlossstraße 92, Hinterhaus, eine verborgene, aber sehr reale Adresse. Auch das schmiedeeiserne Tor mit dem schwungvollen Schriftzug `Bockenheimer Weinkontor` lässt kein Gefühl der Weinseligkeit zu. Aber spätestens jetzt kann sich der Gast sicher sein, er ist kurz vor dem Ziel. Immer der Nase lang und dann die Treppen hinab. Endlich drin im `unprätentiösen, aber kommunikativen Treffpunkt in Bockenheim`, wie die Macherinnen ihr Schmuckkästchen nennen. In ehemaligen Werkstatträumen einer Schmiede entstand rund um den offenen Kamin eine weitläufige, verwinkelte Weinstube. Höhepunkt, und im Sommer eine kleine Oase, ist der romantische,

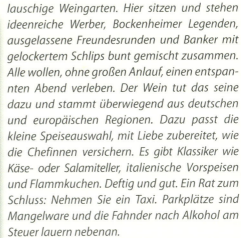

lauschige Weingarten. Hier sitzen und stehen ideenreiche Werber, Bockenheimer Legenden, ausgelassene Freundesrunden und Banker mit gelockertem Schlips bunt gemischt zusammen. Alle wollen, ohne großen Anlauf, einen entspannten Abend verleben. Der Wein tut das seine dazu und stammt überwiegend aus deutschen und europäischen Regionen. Dazu passt die kleine Speiseauswahl, mit Liebe zubereitet, wie die Chefinnen versichern. Es gibt Klassiker wie Käse- oder Salamiteller, italienische Vorspeisen und Flammkuchen. Deftig und gut. Ein Rat zum Schluss: Nehmen Sie ein Taxi. Parkplätze sind Mangelware und die Fahnder nach Alkohol am Steuer lauern nebenan.

Plus 15 min.

Bockenheimer Weinkontor, Schloßstraße 92
60486 Frankfurt

Biancalani Enoteca
Toskana am Main

Di - Sa 17 - 1 Uhr, So 12 - 1 Uhr, Mo Ruhetag

Tel   069 - 68 97 76 25

E-Mail   3b@ biancalani.de
Web   www.biancalani.de

Navi   Walther-von-Cronberg-Platz 9, 60594 Frankfurt

Plus   Spaziergang am nahen Main und danach einen Openair-Drink nehmen, an der originellen Barca, Biancalanis Bar-Boot, das unten am Fluss steht.

🚬   mit separater Raucherlounge

🐾   Hunde erlaubt

La dolce Vita. Cucina, Enoteca oder Bar? Die Entscheidung fällt schwer, alle drei `Biancalanis` sind einmalig stimmig, alle drei spielen sich draußen wie drinnen ab. Besonders gemütlich: die Enoteca. Ungezwungen sitzt man unter Arkaden mit Blick auf den grandiosen Platz mit tanzendem Springbrunnen. Im Süden kann es kaum schöner sein. Dank dem Frankfurt-Baumeister Tom Bock.

Ein warmer Sommertag in der City, die Luft steht. Der perfekte Zeitpunkt, um in der Enoteca Biancalani einen Tisch fürs Dinner zu reservieren. Unter schattigen Bogengängen mit Blick auf einen der schönsten Plätze Frankfurts bis hin zum Main vergisst man die Hitze der Stadt und schmeckt den Süden. Authentische Mittelmeerküche und eine große Auswahl an offenen und Flaschenweinen tun das übrige. Wer Weißbrot in das legendäre, hervorragende Olivenöl tunkt, dazu ein gutes Glas Wein trinkt, ist Toskana-infiziert und könnte die Karte rauf und runter speisen. Die Köche der Trattoria überraschen mit täglich wechselnden Gerichten der regionalen, ursprünglichen italienischen Küche mit frischen Zutaten. Sensationell vorweg zum Beispiel: das feine Carpaccio vom Simmenthaler Rind.

Immer wieder gut: Die Spaghetti Aglio, Olio, Peperoncino. Als Must und süßen Abschluss macht sich der Biancalani Käsekuchen perfekt. Ein schöner, vollkommen relaxter Abend in Florenz am Main geht zu Ende. Unbedingt weitersagen! Tipp: Wer ein besonders lauschiges Plätzchen sucht, findet es im romantischen Innenhof unter dem ehrwürdigen Olivenbaum.

Fotos innen: Uwe Dettmar, Fotos außen: Kerstin Heider

Plus 15 min.

**Biancalani Casa Lucca, Walther-von-Cronberg-Platz 9
60594 Frankfurt**

Fotos: Siesmayer

Restaurant Cafe Siesmayer
Unter Palmen und Olivenbäumen

Oktober - April von 8 - 20 Uhr
Von Mai - September von 8 - 22 Uhr

Tel   069 - 90 02 92 00

E-Mail   info@ palmengarten-gastronomie.de
Web   www.palmengarten-gastronomie.de

Navi   Siesmayerstraße 59, 60323 Frankfurt am Main

Plus   Nehmen Sie eines der feinen Törtchen mit nach Hause. Und machen Sie einen Spaziergang (ohne Hund) im schönen Palmengarten oder im Botanischen Garten, der Arzneimittelgarten ist faszinierend (www.botanischergarten.uni-frankfurt.de)! Oder mit Hund im nahen Grüneburgpark.

    mit separater Raucherlounge

    Hunde erlaubt

Terrasse zum Palmengarten. Im Siesmayer gibt es die besten Törtchen der Stadt. Das ist bekannt. Auch das Frühstück auf der einmalig schönen Terrasse ist in aller Munde, wie auch der köstliche Lunch. Das Highlight im Sommer ist jedoch ein stimmungsvolles Abendessen bei Kerzenschein unter Olivenbäumen. Leichte, phantasievolle Küche, gute Weine, perfekter Service und das am schönsten Garten Frankfurts. Ein Traum mitten in Frankfurt.

Es gibt wenige Plätze, an denen sich jeder wohl fühlt. Das Restaurant Café Siesmayer ist solch ein besonderer Ort. Der vielgereiste Weltenbürger erinnert sich unweigerlich an das großzügige Pariser Volkslokal La Coupole, zieht sich mit einer internationalen Tageszeitung in den separaten Raucherraum zurück, bestellt Croissant und Cappuccino. Das Liebespaar wählt einen warmen Sommerabend, reserviert einen Tisch auf der schönsten Terrasse Frankfurts, setzt sich unter einen der Olivenbäume und feiert das Leben. Was darf es sein? Ein festliches Menü mit korrespondierenden Weinen! Oma und Opa kommen am Wochenende zu Besuch. Ein Spaziergang im schönen Palmengarten (wenn die Rosen blühen, ist er ein Traum) als Einstieg für einen gelungenen Familientag. Wenn der Hunger kommt, geht es ins Siesmayer, wo vorausdenkend ein Tisch reserviert wurde. Jeder findet bei der guten, leichten deutschen Küche etwas nach seinem Gusto. Klassiker aus der Region für die Großen, ein Gericht aus der Kinderkarte für die Kleinen. Nachtschwärmer bekommen ab acht Uhr morgens ein umfangreiches Frühstück serviert. Dunkle Sonnenbrille auf der Nase, zurückgezogen unter einem abgelegenen Sonnenschirm, lassen sie hier gemütlich und vor allem langsam den Tag angehen. Die Mittagspause kann kaum schöner sein, als entspannt und schnell mit einem der feinen Mittagsmenüs wieder gut gerüstet ins Büro zu ziehen. Am besten zusätzlich bewaffnet mit einem köstlichen Törtchen aus der Kuchentheke für die nette Kollegin. Am Nachmittag sind es Mütter mit Kindern, die sich auf einem der beiden schönen Spielplätze getummelt haben, um sich dann, ganz nach Jahreszeit, ein Stück Kuchen oder eine warme Suppe schmecken zu lassen. Ein Ort, der allen Raum lässt, großzügig, stilvoll in Ambiente wie auch auf der Speisenkarte!

Plus 15 min.

Café Siesmayer, Siesmayerstraße 59
60323 Frankfurt am Main

Ernos Bistro
Stern mit Bodenhaftung

Mo - Fr 12 - 14 Uhr und 19 - 22 Uhr, Sa und So geschlossen

Tel.   069 - 721997

E-Mail info@ernosbistro.de
Web   www.ernosbistro.de

Navi   Liebigstraße 15, 60323 Frankfurt am Main

Plus Machen Sie eine der seltenen Führung durch die nahe gelegene, beeindruckende Synagoge in der Freiherr-Vom-Stein-Str. 30. Termine (4-mal jährlich) über die jüdische Volkshochschule (069-76 80 36 170) Die Führung kostet pro Person 6,50 Euro und dauert ca. 1,5 Stunden

nur kleine Hunde erlaubt (aus Platzmangel)

Karotischdecke für Gourmets. Ein Michelinstern zeichnet einen Ort des Genusses aus, an dem alles stimmt. Küche, Weine, Ausstattung, Ambiente und Service verschmelzen zu einem großen Ganzen. Ernos Bistro hat diesen Stern. Verdient. Trotzdem bewahrt sich dieser Ort eine Einfachheit, die verblüfft und die die einmalig gute Küche erst recht zur Geltung bringt. Simple Holztische, hervorragender Service und ebenso hochkarätige Speisen machen Ernos Bistro zu einer der glaubwürdigsten Gourmet-Oasen in Frankfurt am Main. Der Preis ist dem sehr hohen Niveau angemessen.

Ernos Bistro, das ist ein gastronomisches Urgestein in Frankfurt am Main. Dort, wo das Westend am schönsten ist, eröffnete einst Ernst „Erno" Schmidt 1974 das legendäre Bistro. Rotkarierte Tischdecken, dunkles Holz überall, Reihen von Weinflaschen mit prominenten Etiketten zieren das Lokal – bis heute. Dieses eher reduzierte Ambiente lässt nicht unmittelbar auf die hervorragende Küche schließen. Der heutige ungemein sympathische Patron Eric Huber, seit 1998 mit einem Michelinstern geadelt, hat alles so belassen wie es war. Im fast rustikalen Ambiente kann die Küche umso mehr auftrumpfen. Und das tut sie auch. Valéry Mathis, der bei Haeberlin, Troisgros und Chibois lernte, ist heute der geniale Chef am Herd und kocht – wundervoll französisch-mediterran. Es gibt feine Gerichte wie vorweg Ravioli vom Hummer und Avocado mit frischem Tomatencoulis und Kräutersalat, als Hauptgang kommt zum Beispiel Kotelett, Schulter und Zunge vom Kalb mit Kapern und Zitronenconfit, Polenta und Salbeijus auf den Tisch. Zum Schluss ist exzellent: Pistazienbiskuit mit Himbeermousse

und Sorbet. Der Service ist aufmerksam, aber distanziert, also perfekt, die Küche hochkarätig, die Weine (aus der über 600 Positionen führenden Weinkarte) vom Besten aus Frankreich, von Eric Huber persönlich ausgesucht und empfohlen und die Preise sind dem hohen Niveau angemessen. Wer das weiß, kann sich auf einen wunderbaren Abend freuen und wird vermutlich immer wieder kommen. Reservierung wird empfohlen.

Fotos: Ernos Bistro, großes Foto: lumilo

Plus 15 min.

**Ernos Bistro, Liebigstraße 15
60323 Frankfurt am Main**

Grossmanns
Junge Küche im alten Hoechst

Di-Fr 11.30 - 14 Uhr und 18 - 23 Uhr
Sa 18 - 23 Uhr, So ab 19 Uhr, Mo Ruhetag

Tel   069 - 37 40 82 38

E-Mail kontakt@ grossmanns-restaurant.de
Web   www.grossmanns-restaurant.de

Navi Bolongarostraße 173, 65929 Frankfurt/Hoechst

Plus Ein Spaziergang in den Schwanheimer Dünen, einer 58,5 Hektar großen Binnendüne, seit 1984 Naturschutzgebiet. Von Hoechst aus mit der Fähre übersetzen und dann durch die Dünen streifen ...

kleine Hunde willkommen

Schmuckes Fachwerkhäuschen. Alt-Hoechst, gerade mal eine gute viertel Stunde von der Frankfurter City entfernt, ist ein charmanter Ort mit ganz eigenem Charakter, direkt am Rhein. Neben den alten Fachwerkhäusern, dem Schloss und dem Bolongarogarten gibt es seit neuestem ein weiteres Schmuckkästchen: Das junge Restaurant Grossmanns! Frische, leichte Küche in entspannter Umgebung. Die Strecke nach Hoechst ist übrigens auch mit dem Fahrrad zu schaffen. Nichts wie hin!

Im März 2008, im zarten Alter von 26 Jahren, eröffnete Nico Grossmann sein eigenes Restaurant. Das Grossmanns liegt da, wo Hoechst höchst charmant ist, direkt am Burggraben, in unmittelbarer Nähe des Schlosses (das Schloss ist immer einen Rundgang wert, noch dazu, da die Höchster Porzellan-Manufaktur dort ihre Ausstellungsräume hat). Auch der herrliche Markt (plus großem Parkplatz) liegt gleich ums Eck, immer dienstags, freitags und samstags von 7 bis 13 Uhr ist hier Betrieb. Machen Sie einen Rundgang durch die Obst- und Gemüsestände, um dann ein paar Meter zum Restaurant Grossmanns zu schlendern. Das Fachwerkhaus aus dem Jahre 1481 ist eine besondere Adresse. Der Gastraum ist geschmackvoll, klar und hell, an den Wänden hängen Bilder wechselnder Künstler. Charmant! Der Hausherr, er kochte lange in guten Häusern in Österreich und in der Schweiz, bleibt auf dem Boden. Er lehnt aufgesetzte Pädagogik oder steife Sternegastronomie ab, Nico Grossmann setzt auf eine gute, leichte Küche, die sich auch mal etwas traut. Auf der täglich wechselnden Karte steht zum Beispiel Rückensteak vom Ibericoschwein mit Nuss-Reis, Gemüse, Schokoladen-Chilli-Sauce und Selleriestroh, hausgemachte Tagliatelle mit Trüffelöl, Parmesan und Gewürzschaum oder gebratener Schwertfisch mit Kräuterkartoffeln und Gemüse. Nur frische Produkte wie auch viele Kräuter werden verwendet, Pesto oder Jus wird selbst gemacht, nichts wird zugekauft. Qualität, die man schmeckt. Ausprobieren!

Fotos: Grossmanns

Plus 15 min.

Grossmanns, Bolongarostraße 173
65929 Frankfurt/Hoechst

Brentanogarten
Schwimmbad-Gastronomie mit Herz

Mai - Anfang September täglich von 11 - 20 Uhr (bei schönem Wetter)

Navi Brentanogarten, Ludwig-Landmann-Straße/Ecke Rödelheimer Parkweg, 60489 Frankfurt

Plus Spaziergang zum architektonischen Schmuckstück, dem Petrihaus, welches für private Feiern gemietet werden kann. Dass es heute wieder in altem Glanze erstrahlt, hat es vor allem Rödelheimer und Frankfurter Bürgern zu verdanken. Der Vorstandsvorsitzende des Frankfurter Flughafens, Dr. Wilhelm Bender, selbst Rödelheimer, brachte die Initiative in Gang. 1998 gründete sich auf seinen Antrieb der Förderverein Petrihaus. Mit Unterstützung durch Vereinsmitglieder, regionaler Unternehmen, insbesondere der Fraport AG, des Landes Hessen konnte das Petrihaus umfassend renoviert werden (www.petrihaus.de).

 Hunde erlaubt, aber nicht im Schwimmbad

Alles echt. *19 Teesorten, 8 verschiedene Kaffeearten, frisch gepresste Säfte, Steaks vom Grill oder Apfelküchli mit Vanilleeis. Diese leckeren Kleinigkeiten und noch viele mehr, sorgfältig auf Schiefertafeln geschrieben, gibt es im Brentanogarten, der Gastronomie im Brentanobad. Alles ist und schmeckt wunderbar frisch. Und am allerschönsten ist es am frühen Abend, nach einer ausgiebigen Runde Schwimmen, hier in Ruhe den Tag ausklingen zu lassen!*

Dies ist kein gewöhnlicher Kiosk, dies ist ein kleiner Herzens-Ort. Auf der grünen Wiese, am Rande des Brentanoschwimmbades, liegt ganz versteckt eine Oase des gar nicht so bekannten Frankfurter Alltags. Einfachheit kann Luxus sein, wenn wie hier die Qualität stimmt. Holzbänke und -tische unter Sonnenschirmen, Tröge mit blühenden Pflanzen, aus einem Holzpavillon heraus werden kleine Leckereien verkauft. Es gibt hier nichts aus der Dose, alles wird frisch zubereitet. Klasse schmeckt die Grüne Soße mit Rosmarinkartoffeln, der Handkäs´ mit Musik, Gutes vom Grill (alles, von der Bratwurst bis zum Steak), immer gibt es frischen Kuchen und tagesaktuell ein ganz besonderes Schmankerl. Zum Beispiel Garnelenspieß mit Bruschetta. Danach zum

Petrihaus

Petrihaus

Obstsalat den Espresso mit Vanilleeis probieren, ein mini Eiskaffee. Mal sehen, wann die großen Rödelheimer Werbeagenturen diese Oase für ihre Mittagspause entdecken. Von Mai bis Anfang September ist der Garten bei gutem Wetter geöffnet, immer von 11 bis 20 Uhr. Man kann unabhängig vom Schwimmbad prima von der Ludwig-Landmann-Straße aus eintreten, circa 50 Meter vor dem Rödelheimer Parkweg liegt der Eingang. Am allerbesten man kommt am späten Nachmittag oder frühen Abend und dreht zuvor ein paar Schwimm-Runden im Brentanobad (übrigens: ab 19 Uhr muss man im Schwimmbad keinen Eintritt mehr bezahlen). Besonderes Schmankerl: Aktuelle Sport-Highlights werden auf der großen Leinwand im Zelt übertragen. Der Brentanogarten, eine Oase mitten in Rödelheim. Danke, Anja & Gerd Trinklein.

Plus 15 min.

Palast-Bistrot
Tête-à-Tête im Varieté-Gewölbe

Di-So 17 - 1 Uhr

Tel 069 - 92 00 22-0

E-Mail info@tigerpalast.de
Web www.tigerpalast.de

Navi Heiligkreuzgasse 16-20, 60313 Frankfurt

Plus Die schönste Varieté-Show Deutschlands: Großstädtisch, lebendig, international, professionell, liebenswürdig und frech zugleich!

Rauchen an der Bar möglich

Hunde unerwünscht

Liberté, Egalité, Varieté. Der Tigerpalast, mitten im strengen Gerichtsviertel, ist als Varieté-Theater ein internationales Highlight der Großstadtkultur, weit über Frankfurt hinaus auch berühmt für seine Sterneküche (seit 1998 ein Stern des Guide Michelin). Was nicht jeder weiß, neben dem stilvollen Restaurant gibt es auch das romantische Palast-Bistrot, ein mit Kerzen ausgeleuchtetes Backsteingewölbe von 1875.

Das im Januar 2001 neu inszenierte Palast-Bistrot mit seinen historischen Backsteingewölben ist ein unvergleichlicher Ort mitten in der Frankfurter City. Für ein hochwertiges Candlelight-Dinner gibt es keinen schöneren Ort. Der Service ist angenehm freundlich, die Küche exzellent, trotzdem wird nicht erwartet, dass der Gast ein komplettes Menü auswählt. Weitere Überraschung: die Preise sind nicht höher als beim guten Italiener.

Der Tigerpalast ist ein Ort, der so vieles unter einem Dach vereint. Oben im legendären Varieté-Theater zeigen die Topstars der internationalen Artistik ihre virtuose Körperkunst. Einen Stock tiefer zaubern die Tiger-Köche feine Kreationen auf die Teller. Und der Gast? Er hat die große Freiheit zu wählen. Das erklärt auch die wunderbar vielfältige Mischung der Menschen, die gerne immer wieder hierher kommen. Manch einer entscheidet sich pur für das Herzstück des Tigerpalastes, für die beflügelnde Varietéshow. Ein anderer will alles, Show plus feines Dinner. Der Dritte landet punktgenau im Bistrot. Alles ist möglich, alles geht und das ist nur eines der Geheimnisse dieses in Europa einzigartigen Ortes.

Fotos: Tigerpalast

Plus 15 min.

Palast-Bistrot, Heiligkreuzgasse 16-20
60313 Frankfurt

Kaisertempel
Italiener mit Weitblick

April - Oktober Di - So 12 - 23 Uhr, November - März Di - Fr 17 - 23 Uhr
Sa, So und Feiertage 12 - 23 Uhr, Mo ist Ruhetag

Tel. 06198-34 28 5
E-Mail Aldo@kaisertempel.de
Web www.kaisertempel.de

Navi Gimbacherstraße 13, 65817 Eppstein/Taunus

Plus Ausgiebiger Spaziergang auf markierten Wanderwegen rund um den Kaisertempel. Und an Wochenenden Besuch des Neufville-Turms.

mit separater Raucherlounge

Hunde erlaubt

Taunustoskana. Es lohnt sich immer hierher zu kommen. Die enge Anfahrtstraße nimmt jeder in Kauf, der schon einmal auf der Terrasse des Ristorante Kaisertempel gesessen hat. Der Panoramablick ist phänomenal, das Essen gut italienisch. Ein romantisches Rendezvous, die entspannte Freundesrunde - der Kaisertempel ist ein besonderer Ort, am knisternden Kamin oder auf der einmalig schönen Terrasse.

Zugegeben, die Auffahrt zum Ristorante Kaisertempel ist nichts für schwache Nerven. Sobald man aber angekommen ist, ganz oben auf dem Plateau hoch über Eppstein, wird man belohnt. Wandeln Sie vor dem Essen ein paar Meter zum `Kaisertempel`, der 1896 nach Vorbild eines griechisch-dorischen Tempels erbaut wurde. Vom opulenten Tempelchen geht es dann zum Ristorante, hinter dessen Fassade sich ein behaglicher, toskanischer Landgasthof verbirgt. Massive Holzmöbel stehen auf groben Dielen, feine rote Tücher bedecken die Tische, in der Ecke steht das Klavier, Kerzenleuchter überall, ein offener Kamin schafft wohlige Wärme.

Im Sommer ist die Terrasse die wohl schönste weit und breit. Freundliche Kellner erklären die Speisekarte, auf der man findet, was man sich von einem Italiener wünscht. Besonders zu empfehlen sind die Scampi alla Aldo, Riesengarnelen in Parmaschinken gerollt in einer wunderbaren Balsamicosoße. Dazu ein trockener Weißwein aus der kleinen gut sortierten Weinkarte. Vergessen Sie beim guten Glas aber bitte nicht die kurvenreiche Abfahrt!

Tipp: Sollten Sie Ihren Kaisertempelbesuch an einem sommerlichen Wochenende einplanen, spazieren Sie zuvor zum Neufville-Turm (1894 erbaut), um dort ein feines Stück Kuchen zu essen. Idylle pur! (Neufville-Turm, Theodor-Fliedner-Weg 7, 65817 Eppstein, Öffnungszeiten bei gutem Wetter von April bis September samstags 13- 18 Uhr, sonntags 11- 18 Uhr, Parken an der S-Bahnhaltestelle Eppstein)

Fotos: Kaisertempel

Plus 30 min.

**Kaisertempel, Gimbacherstraße 13
65817 Eppstein/Taunus**

A la carte
Ein Ausflug mit Jugendstil

Di - So 10-18 Uhr

Tel　　06151 - 42 21 09

Web　　www.alacarte-mathildenhoehe.de
E-Mail　info@ alacarte-mathildenhoehe.de

Navi　　Olbrichtweg, 64287 Darmstadt

Plus　Unbedingt Darmstadts Sehenswürdigkeiten, u. a. Rosengarten,
　　　　Waldspirale von Hundertwasser und Orangerie, einen Besuch abstatten.
　　　　Unter www.darmstadt.de/freizeit/sehenswuerdigkeiten.
　　　　Im Museumsshop gibt es u. a. schöne Jugenstil-Kacheln zu kaufen.

　Hunde erlaubt

Kultur und Kaffee. *Das Jugendstilzentrum Mathildenhöhe ist ein herausragender Ort der Kunst und des Design, ein einzigartiges Gesamtkunstwerk, inmitten der Universitätsstadt Darmstadt. Umgeben von Platanen, zwischen Schwanentempel, Russischer Kapelle und Ausstellungsgelände, liegt das Tages-Café a la carte. Nach einem anregenden Rundgang durch einmalige Kultur kann man hier einen Kaffee trinken - sagenhafter Blick auf Kunst und über Darmstadt inklusive.*

Machen Sie einen kleinen Ausflug in eine nahe Weltstadt! Paris, Brüssel, Wien, Glasgow, Barcelona und Darmstadt, in Sachen Jugendstil sind sie in einem Atemzug zu nennen. Hier oben auf der Mathildenhöhe erwartet Sie  die Künstlerkolonie, die Bebauung der Mathildenhöhe im Jugendstil mit Wohnhäusern der Künstler sowie mit Ausstellungs- und Ateliergebäuden. In dieser einmaligen kulturellen Umgebung, ganz oben in Darmstadt, kann man einen Moment lang die Zeit anhalten. Machen Sie einen Kultur-Spaziergang über das Gelände der Mathildenhöhe und setzen Sie sich anschließend in das Garten-Café `A la carte` und genießen den weiten Blick von hier oben, denn die Mathildenhöhe, mit 180 Metern über dem Meeresspiegel, ist die höchste Erhebung der Darmstädter Innenstadt.

Von 10 bis 12.30 Uhr gibt es köstliches Frühstück. Vom einfachen Poeten- (Brötchen, Butter, Marmelade oder Honig) bis zum A la carte-Frühstück (Joghurt mit frischen Früchten, Kräuterfrischkäse, Emmentaler und vielem mehr) gibt es alles, was das Herz begehrt. Besonders empfehlenswert ist später dann die wöchentlich wechselnde Mittagskarte, auf der man köstliche Gerichte findet, wie zum Beispiel ein Coq au vin de Bourgogne mit Kaisergemüse und Bandnudeln. A la carte finden Sie immer kleine Snacks, feine Süppchen sowie regionale und internationale Spezialitäten. Achten Sie bitte darauf, dass es sich hier um eine Tagesgastronomie handelt, die bereits um 10 Uhr für alle Gäste aus nah und fern da ist, jedoch bereits um 18 Uhr die Pforten schließt.

Montags ist kreative Pause und abends finden hier häufig kleine und große Feste des Lebens statt.

Fotos: A la carte, Mathildenhöhe

Plus 30 min.

**A la carte, Sabaisplatz 1
64287 Darmstadt**

Das Kochatelier
Zuhause beim Sternekoch

Öffnungszeiten nach Absprache

Tel   06034 - 90 82 98, Mobil 0173 - 25 55 091

E-Mail   info@volker-drkosch.de
Web   www.volker-drkosch.de

Navi   61195 Wickstadt, Hofgut Wickstadt

Plus   Besuch der idyllischen Wallfahrtskirche Maria Sternbach, mitten im Wald gelegen, nur einen kleinen Spaziergang entfernt (siehe Schilder).
Im Hofgut Wickstadt finden Sie neben Volker Drkosch einen weiteren Künstler: Jo Pollock macht Möbelkunst in Massivholz. Termin vereinbaren. Wickstädter Werkstatt, Von-Engelbrechten-Platz 1, 61194 Niddatal-Wickstadt, Tel 06034-54 22, www.wickstaedter-werkstatt.de

   Hunde unerwünscht

> **Kochkunst-Abend.** Maximal zwölf Personen haben das Glück, sich vom grundsympathischen, mehrfach ausgezeichneten Spitzenkoch Volker Drkosch hautnah bekochen zu lassen. Die Gäste haben freien Zutritt zur Küche des Meisters, dürfen ihm über die Schulter gucken. Im idyllischen Hofgut Wickstadt, nördlich von Frankfurt, erleben Sie einen Abend voller kulinarischer Überraschungen. Trauen Sie sich!

Was sicher ist, Sie bekommen etwas zu essen. Etwas ungewöhnlich Gutes noch dazu. Auch klar ist, wer für Sie am Herd steht und vor Ihren Augen zehn Kostproben zubereitet, es ist Volker Drkosch, einer der kreativsten Köche der Region (er kochte u. a. im Schlosshotel Lerbach in Bergisch Gladbach, im Münchner Tantris, im Tigerpalast in Frankfurt am Main und in der Hauptstadt im Restaurant Portalis). Sie dürfen ihm über die Schulter direkt in den Kochtopf gucken und schlaue Fragen stellen - lediglich eine Glasscheibe trennt die mit neuester Induktionstechnik ausgestattete Küche vom Gastraum. Sie wissen auch, wo Sie speisen werden, an einem langen handgezimmerten Holztisch im ehemaligen Jägerhaus des denkmalgeschützten Hofgutes Wickstatt - idyllischer geht es kaum. Im Sommer lädt auch der große Garten

mit seinem alten Baumbestand oder das viktorianische Glashaus zum Genuss unter freiem Himmel ein. Sie werden ganz sicher bestens versorgt, Susanne Drkosch, die bezaubernde Frau des Hauses, bedient Sie persönlich und berät Sie gerne, was zum Beispiel die korrespondierenden Weine anbelangt. Maximal 12 Personen finden Platz am langen Tisch bei einem 10-Gang-Menü inklusive Champagnerempfang, Weine, Espresso und Digestif (Preise siehe Homepage). Was das große Geheimnis bleibt bis zum Schluss: die Speisenkarte. Wunderbar!

Fotos: Thomas Ruhl & Volker Drkosch

Plus 30 min.

Drkosch, Hofgut Wickstadt
61194 Niddatal

Zum Treppchen
Rheingau mit Herz

Täglich ab 17.30 Uhr, Di Ruhetag

Tel   06123 - 71 76 8

Navi Kirchgasse 14, 65396 Walluf

Plus Einmalig schöner Spaziergang am Rhein entlang!

kleine Hunde gerne (Platzmangel)

Illustration: Zum Treppchen

Fast wie zuhause. In Walluf, erstmals 779 schriftlich erwähnt, wird seit über 1200 Jahren Weinbau betrieben. Mitten in der Altstadt dieser ältesten Weinbaugemeinde des Rheingaus steht ´das Treppchen´, ein zauberhaftes Häuschen mit wunderbarem Innenleben. Gehobene deutsche Küche, Weine aus der Region, eine Gastgeberin des Herzens. Ein kleiner Ausflug, der sich lohnt.

Nur sechs Tische stehen in dem kleinen Gast-Häuschen, mitten in der Altstadt von Walluf, direkt gegenüber der imposanten Dorfkirche. Ein wenig hat man das Gefühl von `Zuhause`, wenn man die gemütliche Gaststube betritt, in der maximal 30 Personen Platz finden. Die Küche passt unmittelbar zum urigen Ambiente. Heidemarie Reinke, die charmante Chefin des Hauses, kocht selbst, verwendet nur frische Zutaten und lockt mit ihrer gehobenen deutschen Küche Gäste von nah und fern in den Rheingau. Köstlich ist das Lammfilet mit Rosmarinkartoffeln oder das Entenbrüstchen mit Mandelbutter, Spätzle und Orangenrahmsauce. Die Variation von Eissorbet ist ein leichter, feiner Abschluss. Immer finden sich auch saisonale Produkte auf der Karte, besonders gerne Wild, wie Hasenfilet oder eine feine Gans. Die Weine stammen von Rheingauer Winzern, wie von Becker oder Weil, aber auch von der gegenüberliegenden Rheinseite, aus der Pfälzer Region. Im Sommer stehen auf beiden Seiten des Treppchens wenige Tische und Stühle, man sitzt dann ein wenig wie in einem historischen Städtchen im Süden. Enge kurvige Gassen führen runter zum nahen Fluss, die Glocken der eindrucksvollen Kirche läuten, ein Lüftchen weht, Essen und Wein munden. Eine schöne Pause vom Alltag in Walluf, der Pforte des Rheingaus! Tipp: Da die sechs Tische sehr begehrt sind, sind Reservierungen empfehlenswert.

Plus 30 min.

Zum Treppchen, Kirchgasse 14
65396 Walluf

Hofgut Patershausen
Biogarten

Gartenwirtschaft 1. Mai bis Ende Oktober bei schönem Wetter an Sonn- und Feiertagen
Hofladen im Winter wie im Sommer Do 15 - 19 Uhr, Fr 9.30 - 12 Uhr

Tel 06104 - 67 96 3

Navi 63150 Heusenstamm, Hofgut Patershausen

Web www.hofgut-patershausen.de

Plus Einkaufen vom Bio-Bauern Ommert mit hofeigener Schlachtung. Undingt mal machen!
Ommert`s Biohof- Hofgut Patershausen, 63150 Heusenstamm

Hunde in Hofladen nicht erlaubt, im Garten an der Leine und wohl erzogen

Zurück zur Natur. *Das Hofgut Patershausen ist eine glaubwürdige Bio-Einkaufsadresse. Fleisch, Geflügel, Gemüse, Obst, Brot, Backwaren, Eier, Molkereiprodukte, Weine und Säfte bekommen Sie donnerstags und freitags im Hofladen, nur dann darf mit dem Auto direkt vorgefahren werden. Was kaum einer weiß: Das Highlight bei schönem Wetter ist sonntags die Bewirtung im Garten. Einfache regionale Speisen in unberührter Natur. Lassen Sie das Auto stehen, um eine viertel Stunde bis zum Hof zu spazieren. Es lohnt sich!*

Wer getrimmten englischen Rasen, perfekten Service und eine ausladende Speisenkarte braucht, der ist hier falsch.

Der Luxus des Hofguts Patershausen ist die bestechende Einfachheit. Simple Holzbierbänke und -tische stehen verstreut auf der Wiese, ein kleiner Pavillon fordert auf zur Selbstbedienung. Die Karte ist klein. Zum Beispiel gibt es gegrillte Würstl mit Kartoffelsalat, Mozzarella mit Tomaten oder Handkäs' mit Musik. Das war's dann auch schon. Nein, halt, als süßen Abschluss gibt es noch feinen Käse- oder Himbeerkuchen. Zu trinken holt man Apfelwein, auch gerne gespritzt. Köstlich ist auch der Birnensaft. Alles schmeckt bodenständig und unverfälscht. Immer sonn- und feiertags bei sommerlichem Wetter öffnet die Familie Ommert ihren Garten für hungrige Radler oder Spaziergänger. Auto am Parkplatz nahe der Hauptstraße abstellen und gemütlich zum Hof laufen. Dort genießen Sie inmitten eines kleinen, bunten Völkchens die einmalige historische Umgebung und kommen sicher gerne immer wieder. Ausprobieren!

Plus min.

Hofgut Patershausen
63150 Heusenstamm

Domäne Mechtildshausen
Marktplatz der Natur

Hofläden Di-Fr 9 -19 Uhr, Sa 8 -15 Uhr
Restaurant Di - Sa mittags und abends, So nur mittags
Café „Bohne" täglich 7.30 - 20 Uhr , Weinstube täglich 12 - 20 Uhr

Tel   0611 - 73 74 0

E-Mail Restaurant@mechtildshausen.de
Web   www.mechtildshausen.de

Plus   Neben all den Hofläden und Restaurants können Sie auch (gerne mit Kindern) die großen Pferdeställe, die neue Reithalle, Longierhalle, Reitplätze (Springreiten, Dressur), Kuhställe, Rinder und Pferde auf der Weide, Ackerbau, Hühneranlage, Kleintier-Voliere, Ziegen, Esel, Gartenbau im Freiland, Folien- und Gewächshäuser von außen besichtigen.

  Hunde erlaubt

> **Einkaufen und genießen.** 80 verschiedene Gemüse- und zahlreiche Obstsorten, Rinder, Schweine und Geflügel finden Platz auf dem 185 Hektar großen Gutshof nahe Wiesbaden. Mehrere Läden und eine Markthalle geben der Domäne einen urigen Marktcharakter, denn all die eigenen, plus weitere, biologisch hergestellte Produkte werden hier verkauft. Und für Genießer ist das mehrfach ausgezeichnete Restaurant oder die eher bodenständigere Café-Weinschänke ein Höhepunkt.

Kaum ein Navigationsgerät findet den Weg und die Fahrt führt unmittelbar am unwirtlichen Fort-Biehler, der Wiesbadener Airbase, vorbei. Alles halb so wild, das Ziel belohnt den Besucher sofort. Die Domäne Mechtildshausen, ein Bauernhof mit organisch-biologischer Produktionsweise, eröffnet unzählige Möglichkeiten. Der Innenhof ist einem Marktplatz nachempfunden, um den herum sich ein gehobenes Restaurant, eine Weinschänke, ein Café, eine Metzgerei, eine Käserei und Bäckerei gruppieren. In der Markthalle gibt es eine breite Palette verschiedener Gemüse- und Obstsorten, selbst erzeugte Säfte, Marmeladen und das wohl umfänglichste Angebot an ökologisch erzeugtem Wein, auch alkoholfreie Getränke, Kaffee, Tee, Essige, Öle, verschiedene Gewürze, Getreide, Nudeln, Reis und Hülsenfrüchte. Nach dem Einkauf kann man kulinarisch entspannen. Die Jausenkarte (Weinschänke) liest sich so: Rieslingsuppe, hausgemachte Wurstspezialitäten mit Bauernbrot, Sauerbraten mit Apfelrotkohl und Butterspätzle. Das Restaurant lockt mit Sashimi vom Charolais-Rind mit Gemüsestroh und Wasabi-Senf-Marinade oder mit St.-Pierre-Filet im Reisblatt gebacken mit Vanille-Fleur de Sel und Beurre Blanc auf Blattspinat, als Dessert: Armagnacpflaumen mit Karamellsauce und Limettensorbet. Die Domäne bietet hohe Qualität und hat dabei einen ebenso hohen sozialen Anspruch. Als Einrichtung der Wiesbadener Jugendwerkstatt GmbH bildet sie benachteiligte Jugendliche aus und integriert Langzeitarbeitslose wieder ins Berufsleben. Mit Erfolg. Erlesenes Ambiente, ökologisches Bewusstsein und soziales Handeln sind hier kein Widerspruch. Tolle Initiative!

Fotos: Benno Heim, Domäne Mechtildshausen

Plus 30 min.

Domäne Mechtildshausen
65205 Wiesbaden

Apfelweinstube im Himmelreich
Apfelwein überm Rhein

März - November: Mi - So von 15 - 22 Uhr

Tel　　0611 - 45 01 99 6

Navi　Dahlienweg/Ecke Freudenbergstraße, 65201 Wiesbaden

Plus　Gleich um die Ecke liegt das Schloss Freudenberg, ein ´Erfahrungsfeld zur Entfaltung der Sinne und des Denkens´ (www.schlossfreudenberg.de). Eine handfestere Erfahrung mit Kaffee und Kuchen machen Sie in dem schönen Café mit Terrasse.

　Hunde erlaubt

Paradiesisch einfach. Wer den Weg hierher gefunden hat, weiß wofür. Für die spektakuläre Aussicht über die Weinberge, für die fast private Schrebergarten-Atmosphäre, für authentisches Essen und guten Apfelwein. Dies ist eine schnörkellose Adresse. Man rückt auf simplen Bierbänken zusammen, plaudert freundlich mit den zufälligen Nachbarn und genießt den Luxus der Einfachheit. Wenn Apfelwein, dann hier!

Gut, wenn man Pech hat, wartet man eine Weile, bis man einen Sitzplatz gefunden hat. Ein origineller Ort wie dieser kann auf Dauer einfach kein Geheimtipp bleiben. Bereits seit 1999 betreibt Familie Lommatzsch (Mutter, Vater und die beiden Töchter) diesen einmalig authentischen Ort. Nur wenige handverlesene Bierbänke stehen im Garten, der sympathische Familienbetrieb ist überschaubar klein. Alles wird frisch zubereitet, der selbst gekelterte Apfelwein, egal ob pur, süß- oder sauergespritzt, allem voran. Mit weitem, fast erhabenem Blick schmecken dazu einfache handfeste Speisen, wie Zwiebelschnitzel, hausgemachte Bratwurst, Frikadellen, Handkäs´ mit Musik, Schnitzel mit Kartoffelsalat, Winzerweck oder zum Schluss Apfelpfannkuchen mit Kompott und Vanillesoße. Die Preise sind auf dem Boden, die Aussicht ist himmlisch, kein Problem, wenn man bei viel Betrieb auf die frischen Speisen ein wenig warten muss. Wer mag, kann bis zum ´Himmelreich´ vorfahren und am Wegrand unter großen Kirschbäumen parken. Stimmiger ist es jedoch, das Auto in der Freudenbergstraße abzustellen und einen appetitanregenden Spaziergang hin und einen Verdauungsmarsch zurück zu machen.

Plus 30 min.

Apfelweinstube im Himmelreich, Himmelreich 1
65201 Wiesbaden

TAUCH EIN! DIE DINT IST REIN

Die Dint
Refugium in der Altstadt

Täglich 18 - 0 Uhr

Tel   06103 - 85 25 6

Navi   Fahrgasse 3, 63303 Dreieichenhain

Plus   Weihnachtsmarkt! Am 2. Adventwochenende, Samstag und Sonntag ab frühem Nachmittag, genauso am 3. Advent. Gewerbeverein Dreieichenhain. Tel 06103-98 72 0, www.hayner-weihnacht.de

Hunde erlaubt

Urig. Dies ist eine familiäre, gemütliche Weinstube. Es gibt Kleinigkeiten zu essen, offene Weine wie auch Flaschenweine aus der Pfalz, Baden, Frankreich und Italien und als überraschenden Nebeneffekt das bezaubernde Städtchen Dreieichenhain zu entdecken. In weniger als einer halben Stunde sind Sie Gast in der Dint, bei der wunderbaren Gastgeberin Maila Krämer!

Allein die historische Altstadt von Dreieichenhain ist einen Ausflug wert. Metzger, Obst- und Gemüseläden, Bäcker, Feinkost, Schuh- und Schreibwaren, Malermeister, Parfümerie, Apotheke, Geschenkelädchen, Buchhandlung, Kindermoden- und Wäschefachgeschäfte, ein Café und ein Hutatelier reihen sich in idyllischen Fachwerkhäusern wie eine Perlenkette aneinander. Die gemütliche Krönung der Fahrgasse und Einladung zum Einkehren ist die Dint! Der ehemalige Bauernhof stammt aus dem 16. Jahrhundert und wurde 1978 liebevoll saniert und renoviert. Ein Jahr später, also vor rund dreißig Jahren, eröffnete Maila Krämer hier ihre Weinstube. Welche Bedeutung der Ausspruch „Tauch ein, die Dint ist rein", der in einem Holzbalken deutlich lesbar ist, wirklich hat, ist unklar. Eine Möglichkeit wäre, dass Dint geheimer Unterschlupf bedeute. Passt. Denn es ist eine andere, kleine Welt, in die man eintaucht, wenn man durch die Holztür tritt. Die Wände sind in warmen Orangetönen gehalten, auf schönen Holztischen und -bänken stehen Kerzen. Eine kleine Treppe windet sich ins Obergeschoss, wo man ebenso heimelig sitzen kann. Zu essen gibt es Kleinigkeiten wie Schafskäse mit Oliven, Kräutern und Knoblauch in der Folie gebacken oder einen Teller zum Wein mit Salami und Käse, ab Herbst Zwiebelkuchen, Spundekäs oder Käsefondue. Maila Krämer lebte längere Zeit in Frankreich, und ihre Quiche ist ein Gedicht. Also, Ausflug machen und unbedingt Unterschlupf suchen in ´der Dint`!

Plus **30** *min.*

Weinhaus Die Dint, Fahrgasse 5a
63303 Dreieichenhain

Zum Wasserweibchen
Klassische Hausfrauenküche

Täglich ab 17 Uhr, Sa Ruhetag (Winterpause siehe Homepage)

Tel 06172 - 30 25 53 bis 17 Uhr, 06172 - 29 87 8 ab 17 Uhr

E-Mail wwingeborg@t-online.de
Web www.wasserweibchen.de

Navi Am Mühlberg 57, 61348 Bad Homburg

Plus Spaziergang durch den schönen Bad Homburger Schlosspark – zu jeder Jahreszeit ein Klassiker!

Hunde erlaubt

Park und Legende. Die romantisch-verspielte Gaststube vis à vis des Bad Homburger Schlossparks ist ein kleines, uriges Schmuckkästchen. Gute deutsche Hausfrauenküche ist das eine, Urgemütlichkeit das andere Markenzeichen. Und im Sommer lockt der grandiose Sommergarten im Park gegenüber. Egal zu welcher Jahreszeit, dies ist immer ein Wohlfühlort.

Die guten Geister des Wasserweibchens verwöhnen Sie ab 5 Uhr nachmittags und brutzeln für Sie bis Mitternacht. So steht es in der Speisenkarte. Und so ist es auch. In dem kleinen, blauen, urgemütlichen Häuschen in der Bad Homburger Altstadt fühlt man sich einfach wohl und liebevoll umhegt. Hier bekommt man etwas, das leider Seltenheitswert hat: gute deutsche Hausfrauenküche, mit Liebe zubereitet. Die Karte liest sich fast wie ein Buch, es gibt feine Petersiliensuppe, Spinatsalat mit Krabben und Speck, fränkisch angemachten Obatzder, Rindertartar, Kartoffelpuffer in vielen Varianten, den Fisch des Tages mit Koriander-Silvaner-Sößchen, Gemüse und Bouillonkartoffeln, ein Spieß von Lammfilet und Salbei, Rinderfilet mit Ingwer-Möhrchen, und zum süßen Schluss Topfenpalatschinken oder Kaiserschmarrn. Man sitzt

ein wenig wie in einem historischen Wohnzimmer. Blau ist die vorherrschende Farbe, Tischdecken, Lampenschirme, Vorhänge, alles strahlt in Blau und Weiß. An den Holzwänden hängen unzählbare Fotos von bisherigen Gästen. Altbundeskanzler Kohl war hier, ob das mit seiner Vorliebe für den original Pfälzer Saumagen zusammenhängt, den man auf der umfangreichen Speisenkarte findet? Das Wasserweibchen kann in jedem Fall stolz auf seine lange Geschichte zurückblicken, 1632 erbaut, wird das Gebäude seit 1866 als Gastwirtschaft genutzt. Steffen Pfeifer ist heute der Patron und begrüßt Gäste aus nah und fern. Ausprobieren, aber bitte reservieren.

Plus **30** min.

Wasserweibchen, Am Mühlberg 57
61348 Bad Homburg

Fotos: Monika Ordelheide

Gollner´s
Kulinarische Burgfestspiele in Wiesbaden

Täglich 12 -14.30 Uhr und 18 - 24 Uhr, Di Ruhetag

Tel   0611 - 54 14 09

E-Mail   info@gollners.de
Web   www.gollners.de

Navi   Am Schloßberg 20, 65191 Wiesbaden

Plus   Besuchen Sie die Expressionismus-Dauer-Ausstellung (Alexej von Jawlensky) im Museum Wiesbaden (www.museum-wiesbaden.de), Friedrich-Ebert-Allee 2. Immer ein Genuss! Ein Spaziergang durch die Wiesbadener Altstadt ist ebenfalls immer sehr besonders.

   Hunde erlaubt

Ein Steirer in Hessen. *Die Landeshauptstadt hat viele wunderbare Orte des Gastgebens zu bieten, da fällt die Wahl sehr schwer. Weit oben ist der Feinschmecker hier im schönen Wiesbaden sicher bei einer Adresse: beim Gollner`s auf der Burg Sonnenberg. Ganz oben, was den spektakulären Blick von der einmalig schönen Terrasse angeht und weit oben auch, was die gastronomischen Genüsse betrifft.*

Der Patron Günter Gollner ist Steirer und hat seit 1998 das Zepter hier, hoch über den Dächern der hessischen Landeshauptstadt, fest in der Hand. Zum freien Rundumblick über die bewaldeten Hügel bis ins Tal kommt die herzliche österreichische Gastfreundschaft dazu. Perfekt! An lauen Sommerabenden fühlt sich der Gast ein wenig wie in der hügeligen Südsteiermark, der österreichischen Toskana. Österreich, Italien, Deutschland. Frankreich nicht zu vergessen. Denn einer der Küchenchefs ist Patrick Maurice aus dem Burgund, der neben dem Vorarlberger Michael Scherz für die innovative internationale Cuisine verantwortlich ist. Die Speisekarte ändert sich alle vier Wochen und liest sich in etwa so: vorweg den Toskanischen Brotsalat mit Tomaten, Artischocken, Basilikum und gebratenen Riesengarnelen oder eine Essenz und Cappuccino vom Steinpilz mit kleinem Pilzstrudel.

Als Hauptspeise schmeckt der Klassiker Wiener Schnitzel mit Bratkartoffeln, Beilagensalat und Preiselbeeren oder Ragout und Rücken vom heimischen Hirsch mit herbstlichen Früchten und Petersilienspätzle; zum Schluss süß die Apfeltarte mit Rum-Rosineneis und Karamellsauce oder deftig warmer Ziegen-Camembert mit süßsaurem Quittenkompott. Dazu finden Sie einen feinen passenden Wein auf der rund dreihundert Positionen umfassenden Weinkarte: steirischen Sauvignons, Rieslinge aus der Wachau bis hin zu großen und alten Bordeaux. Ein Genuss hoch oben in Wiesbaden. Egal ob sommers auf der herrlichen Terrasse oder bei kälteren Temperaturen im geschmackvollen Restaurant!

Fotos: Gollner's

Plus 30 min.

**Gollner`s, Am Schlossberg 20
65191 Wiesbaden**

La Villa
Die Opelvillen am Mainufer

Di - Fr 12 - 15 Uhr, 18.30 - 24 Uhr, Sa 18.30 - 24 Uhr,
So 12 - 15 Uhr, 18.30 - 24 Uhr, Mo Ruhetag

Tel   06142 - 210 09 55

E-Mail service@lavilla-ruesselsheim.de
Web   www.lavilla-ruesselsheim.de

Navi   Ludwig-Dörfler-Allee 9, 65428 Rüsselsheim

Plus   Spaziergang durch das hauseigene Museum (www.opelvillen.de) oder durch den romantischen Verna-Park, neben den Opel-Villen gelegen (www.vernapark.de)

Hunde auf Terrasse erlaubt, innen nicht

Das andere Rüsselsheim. *Werfen Sie alle Vorurteile gegenüber Rüsselsheim als unwirtliche Adresse über Bord. In der Stadt der Opel-Automobile gibt es das Restaurant `La Villa`. Nach gerade mal 20 Autominuten können Sie in herrschaftlicher Umgebung exquisite italienische Küche genießen. Schlichte Eleganz im Ambiente, schöner Blick von der Terrasse auf den Strom, delikate italienische Speisen, und das am Main, in Rüsselsheim. Ein Wermutstropfen: je nach Windrichtung ist auf der schönen Terrasse Fluglärm inklusive.*

Rüsselsheim gilt als legendärer Ort der Autobauer, kulinarische oder gar kulturelle Highlights werden hier nicht vermutet. Nun gibt es in der Opel-Stadt jedoch ein gut gehütetes Geheimnis exzellenter italienischer Küche. Dort, wo einst Fritz Opel und Wilhelm Wenske (Werksleiter von Opel) ihren Wohnsitz hatten, verzaubert Paride Nicoli seit 2003 Gäste mit italienischer Kochkunst. Das Ambiente in ´La Villa´ ist großzügig und klar und lässt viel Raum zum Genießen. Die Speisekarte dagegen ist klein, aber ausgesprochen fein. Nur frischeste Zutaten kommen, auch mal in ungewöhnlicher Geschmackskomposition, auf den Teller. La Villa ist kein gewöhnlicher Italiener, Paride Nicoli, auch ´Mimmo´ genannt, begeistert seine Gäste mit Kostbarkeiten aus seiner Heimat Friaul, wie mit ´Coscetto di Coniglio´, einer Kaninchenkeule in Confit auf geschmortem Wirsing und Olivengnocchi. Vor oder nach dem feinen Essen zieht es die Gäste ins Nachbargebäude. Auf 430 Quadratmetern präsentiert das ´Zentrum für Kunst´ die Kunstentwicklung der Moderne bis heute. Unbedingt reinschauen!

Fotos: Frank Möllenberg

Plus 30 min.

**La Villa, Ludwig-Dörfler-Allee 9
65428 Rüsselsheim**

Schöne Aussicht
Kulinarische Überraschung aus dem Odenwald

Mi, Do und Fr ab 17 Uhr, Sa ab 15 Uhr (Kaffee und Kuchen)
So und Feiertag ab 12 Uhr mit durchgehend warmer Küche bis 20.30 Uhr

Tel 06257 - 61 96 5

E-Mail info@schoene-aussicht-stettbach.de
Web www.schoene-aussicht-stettbach.de

Navi Schöne Aussicht, Am Berg 9, 64342 Seeheim-Jugenheim

Plus Wandern durch das idyllische Stettbachtal, das in Jugenheim beginnt. Es ist eines der reizvollsten Täler in der Umgebung, das unter anderem über ausgedehnte Streuobstwiesen verfügt.

Hunde erlaubt

Chillout im Odenwald. *Lust auf einen kulinarischen Abstecher in die Natur? In Stettbach erwartet Sie ein kleiner, lässiger Ort der Gastlichkeit. Von der Terrasse des Restaurants `Schöne Aussicht` lässt es sich weit gucken, die Küche ist wunderbar mediterran, die Weinkarte gut sortiert. Der perfekte Rahmen, um einen Tag entspannt in der Odenwälder Abendsonne ausklingen zu lassen. Hier benötigen Sie weder Abendgarderobe noch Schlips, dafür aber unbedingt Bargeld, da EC-Karten nicht akzeptiert werden.*

Georg Kettmann, passionierter Koch (er kochte auf dem Luxuskreuzer „Queen Elizabeth" und auf der Baden-Badener „Bühlerhöhe") und Rennradfahrer, hat 2002 den idealen Ort für seine Leidenschaften gefunden. Sein Restaurant `Schöne Aussicht` thront wie ein kleiner, verschachtelter Adlerhorst am Berg in Stettbach. Wer, wie Georg, dynamisch mit dem Rad, oder aber bequem mit dem Auto die enge und steile Straße überwunden und einen der fünfzig Sitzplätze auf der Terrasse ergattert hat, wird mit der versprochenen schönen, ja grandiosen Aussicht über satte Odenwaldhügel belohnt. Das gilt natürlich ebenso für die Küche. Der Deutsch-Niederländer Georg Kettmann lockt seine Gäste mit frischer mediterraner Kost in sein Restaurant, egal ob sommers auf die schön bewachsene Terrasse oder winters in die kleine, gemütliche, nur ein Wohnzimmer große Gaststube. Die fast weltumspannende Karte, handschriftlich auf großen Schiefertafeln dokumentiert, wechselt nahezu täglich, die Produkte sind frisch und oft aus der Region. Als Starter immer zu empfehlen ist der köstliche, aromatische Vorspeisenteller mit gebratenen Auberginen, Rucola mit Parmesan, Roastbeef mit Meerrettich und Caprese. Ansonsten setzt der Chef und Koch auf saisonale Produkte, auf Fisch wie Fleisch, gerne auch auf Wild. Ganz nach Gusto mundet zum Essen ein Heineken vom Fass oder ausgewählte Weine. Feine Sache!

Plus 45 min.

Schöne Aussicht, Am Berg 9
64342 Seeheim-Jugenheim, Stettbach

Fotos: Schöne Aussicht

Hofgut Langenau
Historisches Landgut direkt am Rhein

April - Oktober täglich von 11 - 22 Uhr (je nach Witterung)

Tel 06144 - 22 85

E-Mail hofgut-langenau@gmx.de
Web www.hofgut-langenau.de

Navi Riedweg, 65468 Trebur

Plus Fahrradtour bis zum Gut. Oder von Ginsheim übersetzen mit der zauberhaften Fähre Johanna direkt ans Gut (Fahrplan Johanna unter www.asv-ginsheim.de).

Hunde an der Leine erlaubt

Idyll im Landschaftsschutzgebiet. Bereits die abenteuerliche Anfahrt über den schmalen Steindamm ist ein Erlebnis, das sich lohnt. Das malerische Hofgut mit seinem von Efeu und wildem Wein überwucherten Häuserensemble verführt mit robuster Küche und überwältigender Natur. Selbstbedienung und eine kleine Speisenkarte nimmt jeder gern in Kauf, der hier schon einmal direkt am Rheinufer saß!

Heute machen wir einen glanzvollen Natur-Ausflug auf die Rheininsel Langenau/Nonnenau. Egal ob mit Auto, Fahrrad oder zu Fuß, ab dem Steindamm sind es 2,5 Kilometer Schotterweg durch satte Natur, bis man am idyllischen Hofgut aus dem 13. Jahrhundert angelangt ist. Auf einer Halbinsel, zwischen Rhein und einer Altrheinschleife, zwischen Scheune, Pferdestall, Glockenturm, wildem Wein und Rosenhecken stehen Bänke und Tische. Neben dem idyllischen Innenhof-Biergarten tut sich zum Strom hin die Rheinterrasse auf, ein Ort der Ruhe und Beschaulichkeit, umgeben von viel Grün, mit großartigem Ausblick auf Rhein und Rheinwiesen, bis hinüber auf die Anhöhen des rheinhessischen Ufers. Schiffe ziehen vorbei, Gänse schnattern. Der Höhepunkt: romantische Sonnenuntergänge über dem Strom. Da fallen die grünen Plastikstühle kaum ins Gewicht, und auch das Anstellen für robuste Gerichte wie Forelle mit Meerrettich, Bratwurst, Calamares oder Spundekäs´ hat plötzlich seinen eigenen Charme. Ergänzt wird die Karte durch saisonale Wild- und Gansspezialitäten. Dazu trinkt man Bier vom Fass oder selbst gekelterten Apfelwein. Tipp: Bitte kommen Sie an einem Wochentag, am Wochenende zieht es viele hierher. Kein Wunder!

Plus 45 min.

Hofgut Langenau
65462 Ginsheim-Gustavsburg

Fotos: Adi Burkert

FRANZ KELLER`S
Adler Wirtschaft
Der wahre Stern im Rheingau

Mo, Fr und Sa von 12 - 23 Uhr, So von 13 - 23 Uhr durchgehend geöffnet, Di, Mi und Do Ruhetag

Tel   06723 - 79 82

E-Mail adlerwirtschaft@ franzkeller.de
Web   www.franzkeller.de

Navi   Hauptstraße 31, 65347 Hattenheim

Plus   Besuch (und Übernachtung) im Kloster Eberbach!

🐾   Hunde erlaubt

> ***Vom Einfachen das Beste.*** *Ein klassisches Wirtshaus mit wohltuender Gaststube, gehobener, französisch geprägter Küche, exzellenten Weinen und dennoch vernünftigen Menüpreisen – das ist Franz Kellers Adler Wirtschaft. Der ausgestiegene Sternekoch (Wanderjahre bei Ducloux, Lacombe, Bocuse und beim Pariser Szenestar Guérard) verzichtet auf gekünstelten Luxus, konzentriert sich aufs Wesentliche und begründet damit unprätentiös eine neue, besondere Art des Essens und Trinkens.*

Man sollte einfach wissen, was man tut, wenn man bei Franz Keller einkehrt. Hier gibt es eine hervorragende Küche, nur aus allerbesten, frischen Zutaten bereitet, aber auch einige Regeln. Wer diese kennt und sie befolgt, wird die unvergesslichen Stunden in der Adler Wirtschaft lieben und immer wieder kommen. Man wählt aus zwei unterschiedlichen Adlermenüs, dem kleinen Dreigang-Adleressen und dem großen Adleressen. Durch die Konzentration auf einige wenige Hauptgerichte auf der Speisenkarte und die Zusammenstellung eines speziellen Menüs im Bausteinsystem kann Franz Keller exquisites Essen zu erschwinglichen Preisen anbieten. Diese legendären Adleressen gibt es abends und mittags bis 14.30 Uhr, danach, bis 17 Uhr, gibt es eine kleine, feine Nachmittagskarte. Bitte unbedingt auf die kompakten Öffnungszeiten achten. Dienstag, Mittwoch und Donnerstag gibt der Adler Ruh´. Pro Tisch wird eine Rechnung ausgestellt, die bar oder mit EC-Karte beglichen werden kann. Keine Kreditkarten! Ein letzter Tipp: Speisenkarte und Ausnahmen von den regulären Öffnungszeiten finden Sie auf der Webseite. Genug geregelt, genießen Sie nun ein wunderbares Essen in der einmalig schönen Stube mit alten Bohlen und runden Eichentischen. Auf Spitzendeckchen wird verzichtet, für urige Gemütlichkeit sorgt der gemauerte Kamin, die stimmungsvolle Beleuchtung und die interessanten Fotos an den Wänden. Wohl bekomm´s, im Refugium der guten Küche, mitten im Rheingau!

Plus 45 min.

**Die Adler Wirtschaft, Hauptstraße 31
65347 Hattenheim im Rheingau**

Fotos: Sonja Sahmer

Gutsausschank Brentanohaus

Brentanohaus
Wein und Kultur

April - September: Mo, Mi, Do, Fr ab 15 Uhr,
Sa, So und Feiertag ab 12 Uhr, Di Ruhetag
Oktober-März: Mo - Mi Ruhetage, Do, Fr ab 15 Uhr,
Sa, So und Feiertag ab 12 Uhr

Tel   06723 - 88 56 00, Mobil 0172 - 1304543

E-Mail   Gutsausschank-brentanohaus@t-online.de
Web   www.brentano.de

Navi   Am Lindenplatz 2, 65375 Oestrich-Winkel

Plus   (Wein-) Führung durch die historischen Räume des Brentanohauses, original erhaltene Zimmer und Salons überliefern Eindrücke von der Wohnkultur und dem Lebensgefühl dieser Zeit (www.brentano.de/fuehrungen).

Hunde erlaubt

Auf den Spuren Goethes. *Der große Dichter wusste von den schönsten Fleckchen der Erde, wie auch vom Brentanohaus, wo er einst die befreundete Familie Brentano besuchte. Heute ist hier ein wunderbarer Gutsausschank entstanden und damit eine der schönsten Outdooradressen rund um Frankfurt. Gute regionale Küche, dazu Rheingauweine, ein lauer Sommerabend am Rhein!*

Der Brentanogarten ist der schönste Sommergarten im Rheingau, so steht es im Hausprospekt. Und das ist nicht übertrieben. Entspannt mediterran sitzt man unter alten Bäumen, auffallend reizvoll sind die sechs im Kreise stehenden Alpenblattpalmen, und lässt sich kulinarisch verwöhnen. Besonders zu empfehlen zum Beispiel die gegrillten Jacobsmuscheln auf Blattspinat oder das saftige Rumpsteak in Pfeffersoße mit gegrilltem Paprika und Rosmarinkartöffelchen. Eine regionale Spezialität: Himmel und Hölle, gebackene Blutwurst mit Apfelkompott und Kartoffelpüree. Danach schmecken gegrillte Ananasscheiben mit Vanilleeis. Vor rund 200 Jahren hatte hier die in Frankfurt ansässige Familie Brentano ihren Sommersitz und machte das Landgut zum Mittelpunkt der großen Familie und zum Treffpunkt für ihren Freundeskreis aus Kunst und Wissenschaft. Johann Wolfgang von Goethe, der herausragende unter den prominenten Gästen, ist den Einladungen der Familie mehrmals gefolgt. 1814 weilte er bei „der geliebten wie verehrten Familie Brentano, die mir an den Ufern des Rheins, auf ihrem Landgute zu Winkel, viele glückliche Stunden bereitete". Machen Sie es wie der große Dichter und lassen Sie sich vom Pächterehepaar Anja und Michael Grill eine schöne Zeit im Garten unter Bäumen bereiten!

Fotos: Brentanohaus

Plus 45 min.

**Brentanohaus, Am Lindenplatz 2
65375 Oestrich-Winkel**

Schönbusch
Kleinod am See

Grand Bistro Oktober - März Do - Sa 11.30 - 17 Uhr, So 10 - 18 Uhr,
April - September täglich 10 - 14 Uhr
Biergarten Mo - Sa 11 - 1 Uhr, So/Feiertage 10 - 1 Uhr bei schönem Wetter

Tel 06021 - 448560, Mobil 0171 - 2777311

E-Mail info@schoenbusch-ab.de
Web www.schoenbusch-ab.de

Navi Kleine Schönbuschallee 1, 63741 Aschaffenburg

Plus *Sonntags gibt es im Bistro wunderbare Frühstücksbuffets aus aller Welt, Termine siehe Homepage.*

Hunde erlaubt

Handkäs´ und Radi. Machen Sie doch mal einen Ausflug ins Ausland. Nach Bayern! Im malerischen Park Schönbusch in Aschaffenburg gibt es zwei wunderbare Gaststätten unter einem weißblauen Himmel. Einen idyllischen Biergarten und ein lebendiges Bistro. Brotzeit oder Bistroküche? Bitte sehr!

Nach nicht mal 45 Minuten Autofahrt haben Sie einen der ältesten und schönsten Landschaftsgärten erreicht: den Park Schönbusch bei Aschaffenburg. Wohin zuerst? In den malerischen Biergarten mit Blick auf den nahen See, ins geschmackvolle Grand Bistro oder gleich in den weitläufigen, einmalig schönen Park? Im Biergarten sitzt man auf geschmackvollen Bänken unter alten Bäumen. Hier herrscht zwanglose Selbstbedienung mit typisch bayerischen Spezialitäten wie Radi (Rettich), Wurstsalat oder Obatzder. Und für alle angereisten Hessen gibt es den gewohnten Handkäs´ mit Musik, Rindswurst oder Flammkuchen. Dazu Bier, Wein oder auch -ganz wunderbar- Holunderblütenlimonade. Die Krönung aber ist der Blick über satte Wiesen auf den See. Wer weniger deftige Kost schätzt, der sitzt im Grand Bistro auf bequemen Holzstühlen und lässt sich beispielsweise den `Fischteller Müllerin`, Fischfilets mit zerlassener Butter und Nusskartoffeln, schmecken. Egal welche Küche, ein ausgiebiger Spaziergang durch den Jahrhundertpark darf einfach nicht fehlen. Und wer verliebt ist, rudert im Boot über den See. Romantischer geht es kaum!

Plus 45 min.

Schönbusch, Kleine Schönbuschallee 1
63741 Aschaffenburg

Fotos: Schönbusch

Der Höerhof
Schönster Innenhof Idsteins

*Di-Sa 12-15 Uhr und 17.30 - 22 Uhr,
So 12-14 Uhr, Mo 17.30-22 Uhr*

Tel   06126 - 50 02 6

E-Mail info@hoerhof.de
Web   www.hoerhof.de

Navi   Seelbacherstraße, 65510 Idstein (Obergasse ist Verlängerung der Seelbacherstraße)

Plus   *Idsteiner Jazz Festival (siehe www.idstein-jazzfestival.de), das einmal pro Jahr stattfindet. In diesen drei Tagen verwandelt sich der Innenhof des Höerhofs in eine Bühne für Jazzfans aus nah und fern! Wer mag, kann, wenn es einmal spät wird, im hauseigenen Hotel übernachten!*

Hunde erlaubt

Schlemmen in historischer Baukultur. *Egal ob im Winter in der schönen Gutsstube mit gusseisernem Kaminofen, bleiverglasten Fenstern und rustikaler Holzdecke, im Sommer im herrlichen Innenhof oder im idyllischen Biergarten, der Höerhof ist immer etwas besonderes. Dazu trägt natürlich auch die feine Küche bei. Ausprobieren!*

Idstein mit seinem mittelalterlichen Stadtkern (Stadtrechte seit 1287) sowie mit Fachwerkbauten aus fünf Jahrhunderten ist immer eine kleine Kulturreise wert. Von Frankfurt aus braucht man gerade mal vierzig Minuten bis in die nassauische Residenzstadt. Stockheimer Hof aus dem 16. Jahrhundert, Hexenturm und Schloss sind nur einige der beeindruckenden Architektur-Stationen. In diese hochkarätige Architektur passt der einmalig schöne Höerhof. Die Idsteiner nennen das perfekt und hochkarätig restaurierte Anwesen im oberen Teil der Altstadt „Das Schlößchen". Aus gutem Grund - denn das heutige Restaurant und Hotel Höerhof wurde vom Baumeister der Grafen Nassau-Idstein, Heinrich Höer, in den Jahren 1620-1626 als dessen Privat-Wohnsitz erbaut. Heute, knapp 400 Jahre später, können sich die Gäste des Fachwerkensembles am malerischen Innenhof, dem urigen Biergarten und dem Gewölbekeller freuen, der Höerhof ist bekannt für Gastfreundschaft und außergewöhnlich gute Küche. Frische Zutaten vom heimischen Markt raffiniert zubereitet, das klingt (und schmeckt) dann so: Feuriges Gazpacchio, gegrillte Seeteufelmedaillons auf Belugalinsen und feiner Salza, gefülltes Kalbsfilet mit Morchelrahmsauce und Gemüsestrudel, Himbeer-Limonensorbet mit roten Beeren und nativem Olivenöl. Dazu einen korrespondierenden Wein aus dem gut sortierten Weinkeller. Ein rundum gelungener Abend!

Fotos: Hoerhof

Plus 45 min.

Hotel Restaurant Höerhof, Obergasse 26
65510 Idstein im Taunus

Landsteiner Mühle
Österreich im Taunus

Täglich von 12 - 23 Uhr, kein Ruhetag, 2 Wochen Betriebsferien jeweils in den hessischen Sommerferien, siehe Homepage

Tel 06083 - 346

E-Mail mehlbox@landsteiner-muehle.de
Web www.landsteiner-muehle.de

Navi Finstertal, 61276 Weilrod

Plus Im hauseigenen ApfelWeinShop werden beste Apfelweine, Weine (aus Trauben) aus Südtirol, Österreich und anderen europäischen Regionen sowie Lammsalami, Konfitüren und Hausbrot zum Mitnahme-Preis angeboten.

Hunde erlaubt

> **Einfach immer gut.** Machen Sie sich auf den Weg in Deutschlands erstes ApfelWeinBistrorant. Mitten im Taunus, zwischen Usingen und Idstein, erwartet Sie eine erfrischende Mischung aus Restaurant, Apfelweinlokal und Bistro. Hessische Spezialitäten fusionieren mit österreichischen Schmankerln zu kulinarischen Köstlichkeiten, die ein Apfelweinlokal so noch nie gesehen hat. Delikat anders!

Auf die Landsteiner Mühle kann man sich verlassen. Das Essen ist einfach gut, der Service familiär, das Ambiente je nach Wetter -entweder in der rustikalen Stube oder auf der Wiese vor dem Haus- besonders. Wann immer man dort einkehren möchte, man ist willkommen. Täglich! Diese herzliche und selbstverständliche Form von Dienstleistung gibt es nur hier, mitten im schönen Taunus, zwischen Wiesen und Wäldern. Im Sommer sitzt man gemütlich auf der Wiese vor dem Haus und bewundert die mutige Entschlossenheit des Service-Teams, bei jedem Gang die kleine Straße, die zwischen Garten und Gasthaus liegt, zu überqueren. Trotz dieses eher ungewöhnlichen Weges wartet man nicht lange auf die feinen Speisen. Ihrer Heimat Tirol treu, serviert die Familie Stöckl österreichische Küche mit hessischer Färbung. Oder eher andersrum? Die flockig-fröhlich formulierte Speisenkarte liest sich so. Herzhafte Köstlichkeiten: Handkäs´-Crostinis, geröstete Scheiben vom Hausbrot mit Handkäs´ überbrutzelt. Vortreffliches vorweg: Taunus-Pasta, Blutwurstravioli auf Selleriepüree. Hauptsächliches: Lende ohne Ende, Schweinelende auf Kleinweinbacher Pilzen nebst glacierten Apfelspalten, Apfelsherry-Soße und Kartoffelplätzchen. Auch ganz grandios: Apfelweinkrautfleisch, die regionale Antwort auf Szegediner! Alles schmeckt wunderbar. Immer wieder aufs Neue lassen sich Chefkoch Mathias Reiter und Apfelweinwirt Michael Stöckl ungewöhnliche Kreationen einfallen. Ein wunderbares Stück Österreich hat Familie Stöckl da zu uns nach Hessen verpflanzt. Behalten wir!

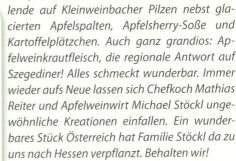

Fotos: Landsteiner Mühle

Plus 45 min.

Landsteiner Mühle, Landstein 1
61276 Weilrod

Kapellengarten
Vesper in der Toskana am Rhein

Mai-September täglich ab 17 Uhr

Tel	06722 - 99 28-0
E-Mail	peterohlig@t-online.de
Web	www.peterohlig.de
Navi	Uferstraße/(Ecke) Rheinstraße (gegenüber Parkplatz), 6536 Geisenheim
Plus	Spaziergang am Rhein entlang und danach im Kapellengarten einkehren
🐾	Hunde erlaubt

Weingenuss mediterran. Der Kapellengarten ist ein wunderbarer, unprätentiöser Wohlfühlort. Das klassische Menü gibt es hier nicht, dafür aber kleine Köstlichkeiten, die es in sich haben, regionale Schmankerl genauso wie mediterrane Spezialitäten. Dazu mundet guter Wein zu zivilen Preisen. Zwischen Weinreben, alten Kastanien und Oleander wähnt man sich für einen Moment in der Toskana - am Rhein.

Orte wie dieser sind ein großer Glücksfall, und meist nur per ebenso großem Zufall zu entdecken. Am Rande der Geisenheimer Innenstadt, hinter einer vor Blicken und Lärm schützenden alten Steinmauer, tut sich ein kleines Paradies auf: der lauschige „Kapellengarten" des traditionsreichen Wein gutes Peter Ohlig. Mit malerischem Blick auf den Dom und das repräsentative Stammhaus des Weingutes sitzt man entspannt inmitten Weinreben, Oleander und Edelkastanien. Die rosafarbene Kapelle, mit romantischem Hochzeitszimmer im ersten Stock, beherbergt im Erdgeschoss Ausschank und eine Küche, in der kleine Köstlichkeiten zubereitet werden. Die Karte ist nicht groß, aber raffiniert. Da gibt es den köstlichen Dauerrenner Elsässer Flammkuchen oder `unser knuspriges, fränkisches Sauerteigbrot mit köstlichen Dips`. Der Salat von Büsumer Krabben schmeckt unter freiem Himmel wunderbar frisch und raffiniert. Besonders zu empfehlen ist auch der marinierte Kalbstafelspitz mit Gemüsemarinade, frisch gehobeltem Meerrettich und Salat. Alles schmeckt wunderbar. Perfekt dazu munden Weine aus eigenem Keller, ab 2,20 Euro pro 0,2 Liter. Kinder stören nicht, sind erwünscht, wir sind ja fast in Italien!

Fotos: Reutershan

Plus 45 min.

**Weingut Peter Ohlig, Rheinstraße 7
65366 Geisenheim**

Eichelbacher Hof
Winterspaziergang ins 16. Jahrhunder

Mi, Sa, So und Feiertag 12 - 17 Uhr,
Mittagstisch von 12 - 14.30 Uhr, Oster- und Weihnachtsfeiertage geschlossen

Tel   06083 - 2467

Navi   Bisher keine Navigationsadresse verfügbar.
Anfahrt über die Landstraße 3030 von Rod an der Weil nach Bad Camberg. In Höhe der Einfahrt zum Ortsteil Hasselbach zweigt die beschilderte Zufahrt zum Eichelbacher Hof ab.

Plus   Im Hofladen können Sie deftige Landprodukte für zu Hause einkaufen, wie Hausmacher Wurst, geräucherte Mettwurst, Eier, Honig und Marmelade

Hunde erlaubt, wenn nicht schmutzig

Hirschmodell: Luis Hofer

> **Erst zahlen, dann genießen.** Der Eichelbacher Hof ist kein Designklassiker mit geschultem Personal und umfangreicher Speisenkarte. Das Anwesen aus vergangenen Zeiten überzeugt mit ehrlicher Gastronomie, antikem Mobiliar, uriger Direktheit und zwei kleinen Regeln, die Sie vorab kennen sollten. Getränke müssen am Tresen bezahlt und auch zum Tisch gebracht werden und die Öffnungszeiten sind auf drei Tage beschränkt.
>
> Nach einem langen Winterspaziergang gibt es kaum einen stimmungsvolleren Ort um einzukehren.

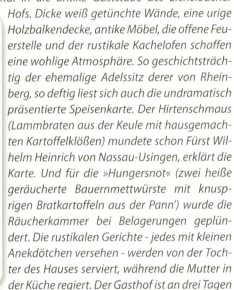

Den hungrigen Einkehrer zieht es nach einer Winterwanderung durch das romantische Weiltal in die antike Gaststube des Eichelbacher Hofs. Dicke weiß getünchte Wände, eine urige Holzbalkendecke, antike Möbel, die offene Feuerstelle und der rustikale Kachelofen schaffen eine wohlige Atmosphäre. So geschichtsträchtig der ehemalige Adelssitz derer von Rheinberg, so deftig liest sich auch die undramatisch präsentierte Speisenkarte. Der Hirtenschmaus (Lammbraten aus der Keule mit hausgemachten Kartoffelklößen) mundete schon Fürst Wilhelm Heinrich von Nassau-Usingen, erklärt die Karte. Und für die »Hungersnot« (zwei heiße geräucherte Bauernmettwürste mit knusprigen Bratkartoffeln aus der Pann') wurde die Räucherkammer bei Belagerungen geplündert. Die rustikalen Gerichte - jedes mit kleinen Anekdötchen versehen - werden von der Tochter des Hauses serviert, während die Mutter in der Küche regiert. Der Gasthof ist an drei Tagen in der Woche geöffnet, denn die Inhaber sind hauptberuflich Landwirte. Gespeist wird im Gutshaus oder sommers im Innenhof. Zu deftigen Gerichten schmecken Apfelwein aus hofeigener Kelterei, selbst gemachter Eierlikör oder ein fruchtig starker Zwetschgenschnaps.

Plus 45 min.

Eichelbacher Hof, Rod an der Weil
61276 Weilrod

Goldene Nudel
Cantina Curiosa

Täglich ab 17 Uhr, Do geschlossen

Tel 06154 - 44 93

E-Mail info@ goldenenudel.de
Web www.goldenenudel.de

Plus Machen Sie doch mal eine besondere Wanderung, den Geschichtsweg von knapp 10 km entlang. Die Wanderkarte erhalten Sie gegen eine Schutzgebühr von 1 Euro im Rathaus der Stadt Ober-Ramstadt. Weitere Wanderungen unter www.ober-ramstadt.de, Freizeit und Tourismus.

Hunde erlaubt, wenn wohlerzogen

Koch-Kunst-Loft in Ober-Ramstadt. Wer das Galerie-Restaurant auf Anhieb findet, könnte Pfadfinder sein. Aber selbst längeres Suchen lohnt sich, da die Goldene Nudel ganz einfach anders ist. Es erwartet Sie kein schicker Ort, sondern helle Räume mit weißen Holzmöbeln, wechselnde Kunst an den Wänden. Im Sommer werden leichte, kreative Gerichte im verwunschenen Garten serviert.

Das Restaurant `Goldene Nudel` gibt es nicht wirklich. Jedenfalls weist kein Schild auf die Existenz dieses ungewöhnlichen Ortes der Gastlichkeit, auf das ´speak-easy´ von Ober-Ramstadt, hin. Man sollte schon genau wissen, wo man hin muss, wenn man vorhat in die ehemalige Nudelfabrik mit ihrer fantasievollen, leichten Küche einzukehren. Innen drin ist dann alles wunderbar pur und schnörkellos. Sowohl auf dem Teller als auch in den Gasträumen. An den hohen weißen Wänden finden sich wechselnde bunte Bilder befreundeter Künstler, auf dem Boden alte Holzbohlen, darauf weiß gestrichene Holzmöbel. Kerzen- und Blumenarrangements geben schöne Akzente. Die lichte Atmosphäre wird unterstützt durch hohe Sprossenfenster, die den Blick weit nach draußen ins Grüne öffnen. Die täglich wechselnde Speisenkarte macht Lust auf die ausgefallenen Küchenkreationen. Valentinstag gibt es Prosecco mit Rosenlikör, Rendez-vous von Auster und Garnele, bunter Salat mit Granatapfelkernen, Flugentenbrust mit verliebten Linsen und Austernpilzen. Als Dessert Amaretto-Feige mit Litschis. Angi und Ingo Hablik, die seit zwanzig Jahren diesen Ort leben und lieben, stehen im Wechsel am Herd und vor den Gästen. Die Chefin erklärt launig, das Publikum suche sich die `Goldene Nudel` aus, ganz bewusst gäbe es deshalb kein Schild. Irgendwie fühlt man sich zuhause bei den Habliks, die Kinder Nik und Lilli dürfen Teil haben am bunten Treiben zwischen Gästen und Kunst. Nik bringt die Artischocke in Senfsauce an den Tisch und wünscht fröhlich guten Appetit. Gut schmeckt es. Mal was erfrischend anderes!

Plus 45 min.

Goldene Nudel, Nieder-Ramstädter-Straße 48
64372 Ober-Ramstadt

Fotos: Conny Ilius
Illustrationen: Gesine Dittmer

Fotos: Grossfeld

GROSSFELD

Grossfeld
Entspannte Haute Cuisine

Di - Sa ab 18.30 Uhr, So und Mo Ruhetage

Tel 06031 - 79 18 90 9

E-Mail info@andre-grossfeld.de
Web www.andre-grossfeld.de

Navi Erbsengasse, 61169 Friedberg

Plus: Machen Sie einen Rundflug im Aero Club Bad Nauheim, motorisiert oder im motorlosen Segelflug – über die schöne Wetterau. Flugplatz Ober-Mörlen. Tel 06032 - 17 93 (am Wochenende), weitere Infos unter www.aecbn.de

 Hunde draußen erlaubt, innen unerwünscht

> **Überraschung bei Friedberg.** *Das Restaurant Grossfeld in Friedberg steht für einen unverkrampften Michelin-Stern. Der Patron kocht für seine maximal 35 Gäste mit der ihm eigenen Leidenschaft. Der Gastraum ist klar und durch die tiefen Rottöne angenehm wohnlich. Schön ist es auch an einem warmen Sommerabend im kleinen, geschmackvoll eingedeckten Rosengarten.*

Der gebürtige Westfale André Grossfeld hat seine Wanderjahre (u. a. bei Alfons Schubeck in Bayern, im Hamburger Fischrestaurant Marinas, im Tantris in München oder im Brick fine dining in Frankfurt am Main) hinter sich, ist sesshaft geworden. In Friedberg-Dorheim, einem kleinen Ort nördlich von Frankfurt, eröffnete er 2005 sein Restaurant. Ohne ihn läuft nichts, hier mitten in der Wetterau, der Sternekoch steht persönlich am Herd, schraubt Glühbirnen ein, beantwortet Emails. Dauerpräsenz zahlt sich aus. Knapp ein Jahr nach der Eröffnung erlangte er den erstrebenswerten Michelinstern. Nur 35 Gäste haben die süße Qual der Wahl. Es stehen zwei Menüs à sechs Gänge zur Wahl, die alle zwei Wochen wechseln, ein traditionelles und eines, zu dem ein

wenig Mut gehört. Eine feine Sache: Es darf auch untereinander munter kombiniert werden, so dass ein experimentell-traditionelles Menü entstehen kann. Zum Beispiel rosa gebratener Milchkalbsrücken unter der Trüffelkruste mit Blattspinat und Kartoffelroulade (traditionell) oder karamellisierter Rochenflügel auf geschmorten Pastinaken und Süßholzwurzel (experimentell). Dazu schmecken Weine, vorwiegend aus deutschen und österreichischen Lagen. Kompetent beraten wird der Gast von Steffi Kurbasa, André Grossfelds Partnerin, die die Seele des Gastraums ist. Ein tolles Team!

Plus 45 min.

Grossfeld, Erbsengasse 16
61169 Friedberg-Dorheim

Kirchberghäuschen

Kirchberghäuschen
Autofreies Juwel auf dem Bensheimer Weinberg

Nov. und Dez. nur an Wochenenden von 11-17 Uhr, sonst täglich ab 11 Uhr (abends offen je nach Witterung), Mo Ruhetag. Achtung ab Mitte Januar drei Wochen Betriebsferien

Tel   06251 - 3267

E-Mail kirchberghaeuschen@t-online.de
Web   www.kirchberghaeuschen.de

Navi   Arnauerstraße (Nr. 15), 64625 Bensheim

Plus   *Schöner Weinreben-Spaziergang auf den Berg und autofreier, sensationeller Blick.*
Bitte keinesfalls den 1. Mai einplanen! Zehntausende kommen zur Weinwanderung.

Hunde an der Leine erlaubt

Fahne gehisst! Bequemes Schuhwerk sollten Sie dabei haben, wenn Sie den kurzen, recht steilen Aufstieg zum Kirchberghäuschen planen. Rustikale Bänke und Tische, eine kleine Karte, Selbstbedienung und ein Ausblick wie aus dem Bilderbuch, das ist das Kirchberghäuschen. Gerade wegen seiner einfachen Direktheit ist dieser Ort einer der schönsten der Bergstraße!

Gut, wenn Sie schon von weitem die rotweiße Flagge sehen, denn dann können Sie ganz sicher sein, dass das Kirchberghäuschen bereit ist für Gäste aus nah und fern. Ihr Auto parken Sie unten in Bensheim auf einem der vielen Parkplätze (siehe Anfahrtsskizze unter www.kirchberg-haeuschen.de) und laufen etwa fünfzehn Minuten durch Weinberge, immer der Fahne nach. Oben sitzen Sie auf einfachen Bierbänken mit sagenhaftem Blick über die Riedebene bis hin zum Donnersberg.

Seit 1857 steht das mit Säulen geschmückte Häuschen, ein Wahrzeichen Bensheims, hier oben. Anfangs gab es hier weder Küche noch Keller. Ein Mangel, der Gott sei Dank 1906 behoben wurde. Heute gibt es die „Kirchbergküche - frisch, schnell, schmeckt gut", und der Koch hält, was die Karte verspricht. Der Handkäs´ ist sensationell, das Kochkäseschnitzel saftig. Perfekt zu den kleinen rustikalen Speisen passen Weine der Stadt Bensheim oder Riesling vom Fass. Selbstbedienung ist vielleicht nicht jedermanns Sache, lohnt sich aber. Besonders beliebt zum Abschluss der Damenwein. Ein Gläschen vom Kirsch-, Heidelbeer-, Erdbeer- oder Schlehenwein, und der Abstieg läuft wie von selbst!

Plus 60+ min.

Kirchberghäuschen, Außerhalb 2
64625 Bensheim a. d. Bergstraße

Farmerhaus
Afrika-Afrika in Groß-Umstadt

Di -Sa ab 18 Uhr , So, Mo geschlossen

Tel.   06078 - 91 11 91

E-Mail afrika@farmerhaus.de
Web   www.farmerhaus.de

Navi   Zimmerstraße, 64823 Groß-Umstadt (von hier an Beschilderung in die Weinberge folgen)

Plus Das Groß-Umstädter Winzerfest, eines der großen Weinfeste der Bergstraße. Traditionell findet das Winzerfest am Wochenende nach dem 15. September statt.

Plus Übernachten im Hochzeitszimmer des schönen Jugendstil-Hotels Dippelshof, Am Dippelshof 1, 64367 Mühltal-Traisa, www. dippelshof.de, info@dippelshof.de, Tel 06151-917188, Familie Huthmann

Hunde draußen erlaubt, innen nicht

Lodge im Grünen. Liebhaber der afrikanischen Küche kommen am Farmerhaus in Groß-Umstadt nicht vorbei. Das Essen dort ist köstlich, die Umgebung -ganz besonders die wunderschöne Terrasse- einmalig. Qualität hat ihren Preis, hier ist es das Gesamterlebnis, das zählt und auch entsprechend kostet. Krokodil, Springbock oder Gnu sind nur einige der Besonderheiten, die im Farmerhaus serviert werden. Stellen Sie sich drauf ein, es wird exotisch!

Fahren Sie doch mal ins ferne Afrika in den nahen Odenwald. In Groß-Umstadt auf einer Anhöhe steht das Farmerhaus, eine feudale Lodge inmitten satter Natur. Karibuni! Monika und Alexander Schodlok, zwei wunderbare Gastgeber der Herzen, heißen Genießer aus nah und fern willkommen. Ihr Farmerhaus ist ein kleines, zauberhaftes Paradies, das seine Gäste für einen Abend in eine exotische Welt entführt. Das Haus mit seinen Jagdtrophäen aus längst vergangener Zeit, Masken und Figuren, Bildern und satten Farben, erzählt eine Geschichte aus dem fernen und hier doch so präsenten Kontinent. Gehen Sie auf eine kulinarische Reise quer durch Südafrika, Wild- oder Fischspezialitäten mit pikanten Gewürzen und aromatischen Gemüsen lassen Afrika auf der Zunge zergehen. Dazu Spitzen-Weine vom Kap. Im Inneren des Hauses sitzt man im durchdekorierten Nashornraum, in der Lions Lodge oder dem Elefantenraum. Für den einen ein wenig überladen, für den anderen stimmig-exotisch. Unter freiem Himmel, auf einer Traum-Terrasse, im Palmengarten oder auf der kleinen Phino Lodge sind sich alle einig: Schöner geht es kaum. So sieht es auch Alexander Schodlok: „Andere Väter vererben ihren Söhnen eine Taschenuhr oder einen Bungalow. Mein Vater vererbte mir das Farmerhaus und seine Liebe zu Afrika". Eine wunderbare Fügung!

Fotos: Farmerhaus

Plus 60+ min.

**Farmerhaus, Am Farmerhaus 1
64823 Groß-Umstadt**

Lohmühle
Idyll am Bach

Mi - Fr ab 17 Uhr, Sa, So ab 12 Uhr, Mo, Di Ruhetag

Tel 06751 - 45 74

E-Mail info@restaurant-lohmuehle.de
Web www.restaurant-lohmuehle.de

Plus Verwöhnprogramm im Bollant´s im Park (www.bollants.de), ein wunderschönes Haus in Bad Sobernheim (Tipp: Wählen Sie im Hochsommer eine SPA-Lodge). Oder übernachten Sie im Hotel am Wasserrad (www.hotel-am-wasserrad.de) im Nachbarort, im malerischen Meisenheim, der „Perle des Glantals".

Hunde draußen erlaubt, innen im unteren Bereich

Kulinarischer Ausflug ins Grüne. *Diese Stunde Fahrt lohnt sich. Weit und breit keine Häuser, nur Wiesen und Wälder umrahmen die reizvolle, villenartige Lohmühle. Mit dieser eindeutigen Landschaft harmoniert die regionaltypische Küche der Familie Maletzke perfekt. Feine, frische Zutaten, überraschend zubereitet, schmecken auf der Terrasse mit Blick auf Wald und Bach wie sonst nirgendwo. Unbedingt ausprobieren!*

Im sattgrünen Hottenbachtal steht seit 1471 die Lohmühle, 1980, gut 500 Jahre später, kaufte die Familie Maletzke das baufällige Ensemble. Mit viel Liebe zum Detail und Rücksicht auf den ursprünglichen Charakter sanierte und renovierte die Familie das Anwesen und eröffnete 1995 das Restaurant Lohmühle. Es entstand ein kleines Juwel mitten in der Natur, zwischen Wiesen und Wald, nahe am plätschernden Bach. Auf der idyllischen Terrasse, wie auch in den schönen Innenräumen, schmeckt die regionaltypische Küche köstlich. Wein, Sekt und Bier kommen ausschließlich aus der Region, auch Fleisch, Eier und Gemüse von heimischen Erzeugern. Die frische, sehr kreative Speisenkarte liest sich dann so: Sorbet vom Winzersekt mit Früchten der Saison, Saltimbocca von Forellenfilet mit Salbei und Rohschinken gebraten auf Sahnenudeln und Blattspinat, Lasagne vom Wild mit Gemüsen garniert, Creme brûlée mit Cassis-Holunderblüteneis. Ein Genuss! Früher wurde in der Lohmühle Getreide gemahlen, auch Lohe, von jungen Eichen geschälte Rinde, die als Gerbmittel für die Lederindustrie diente. Aus dieser Zeit bleibt ein Leitsatz, den die Gastronomen-Familie (Vater Udo zaubert in der Küche, Mutter und Tochter im Service) weiter lebt: `Aus grob mach fein. Mühlen haben eine besondere Tradition. Die wollen wir fortsetzen.´ So ist es bis heute. Die Lohmühle ist eine feine, ganz besondere Adresse!

Fotos: Lohmühle

Plus 60+ min.

**Restaurant Lohmühle
55566 Meddersheim**

Jagdhaus Haselruhe
Haus am Weiher

April - Okt täglich ab 11 Uhr, Mo Ruhetag, fällt der Mo auf einen Feiertag, ist Di Ruhetag. Dez, Jan und Febr geschlossen, Nov und März nur Sa und So geöffnet

Tel   *06052 - 25 03*

Web   *www.jagdhaus-haselruhe.de*

Navi   *63619 Bad Orb, Haselstraße*

Plus   *Wandern durchs schöne Haseltal (Wandervorschläge auf der Jagdhaus-Homepage, bequemes Schuhwerk im Auto) mit Wassertret-Stopp an der idyllischen Kneippanlage, die zwischen Haselruh und Fischweiher liegt. Im Fischweiher, circa 800 m talabwärts vom Restaurant entfernt, kann geangelt werden (Zander, Forelle, versch. Karpfenarten, Aal, Hecht). Auch empfehlenswert für Kinder ist der schöne Wildpark (www.spessart-wildpark.de)*

   Hunde erlaubt

Kulinarischer Naturausflug. *Nach einer knappen Stunde Fahrt sind Sie am Ziel angekommen, am zauberhaften Jagdhaus Haselruhe im Naturpark Spessart, etwa 5 Kilometer außerhalb von Bad Orb. Nun haben Sie die Wahl, ganz nach Lust, Laune und Tagesform durch das idyllische Haseltal zu wandern, um es sich anschließend auf der Terrasse wunderbar schmecken zu lassen. Oder Sie steuern direkt den gemütlichen, kulinarischen Teil an.*

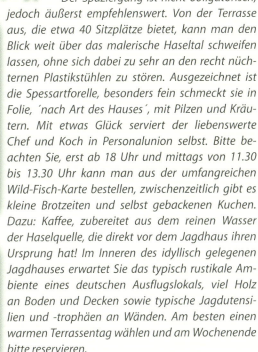

Lohnendes Ziel ist es, nach einer romantischen Wanderung in einmaliger Natur, entlang des Haselbachs, vorbei an Fischweihern, durch Wald und Wiesen, einen Platz auf der Terrasse des Jagdhauses Haselruhe zu ergattern. Der Spaziergang ist nicht obligatorisch, jedoch äußerst empfehlenswert. Von der Terrasse aus, die etwa 40 Sitzplätze bietet, kann man den Blick weit über das malerische Haseltal schweifen lassen, ohne sich dabei zu sehr an den recht nüchternen Plastikstühlen zu stören. Ausgezeichnet ist die Spessartforelle, besonders fein schmeckt sie in Folie, ´nach Art des Hauses´, mit Pilzen und Kräutern. Mit etwas Glück serviert der liebenswerte Chef und Koch in Personalunion selbst. Bitte beachten Sie, erst ab 18 Uhr und mittags von 11.30 bis 13.30 Uhr kann man aus der umfangreichen Wild-Fisch-Karte bestellen, zwischenzeitlich gibt es kleine Brotzeiten und selbst gebackenen Kuchen. Dazu: Kaffee, zubereitet aus dem reinen Wasser der Haselquelle, die direkt vor dem Jagdhaus ihren Ursprung hat! Im Inneren des idyllisch gelegenen Jagdhauses erwartet Sie das typisch rustikale Ambiente eines deutschen Ausflugslokals, viel Holz an Boden und Decken sowie typische Jagdutensilien und -trophäen an Wänden. Am besten einen warmen Terrassentag wählen und am Wochenende bitte reservieren.

Plus 60+ min.

**Jagdhaus Haselruhe, Haselstraße
63619 Bad Orb**

Villa am Sattelberg
Naturpark Spessart

Mi - Fr von 14 - 23 Uhr, Sa, So Feiertage 11 - 23 Uhr, Mo und Di Ruhetag

Tel   06024 - 639 68–0

E-Mail info@villa-am-sattelberg.de
Web   www.villa-am-sattelberg.de

Navi   Im Langenborn 17, 63825 Schöllkrippen

Plus *Ökologisch wertvolles Einkaufen! Im Langenborner Hof, Im Langenborn 5, 63825 Schöllkrippen, Tel. 06024-675433, Öffnungszeiten montags bis freitags 8 - 18 Uhr, samstags 8 - 13 Uhr, www.langenborner-hof.de, oder im Berghof, Im Langenborn 8, 63825 Schöllkrippen, Tel. 06024 - 9233, Öffnungszeiten mittwochs bis freitags 9-18 Uhr, samstags 8.30-13 Uhr, www.derberghof.de*

  Hunde erlaubt

Ausflug ins Natur-Paradies. *Eine Badehose darf nicht fehlen, wenn Sie sich an einem schönen Sommernachmittag auf den Weg in den Spessart-Ort Schöllkrippen machen. Das Naturfreibad, bis 20 Uhr geöffnet, ist eine kleine Oase. Unbedingt eintauchen! Nach dem Abkühlen lockt das nahe Hotelrestaurant Villa am Sattelberg mit weitem Blick und Naturküche vom Feinsten.*

In gut 45 Minuten sind Sie in einer anderen Welt. Sattes Grün überall, hügeliges Spessartland. Die Überraschung an Naturerleben ist das einmalig schöne Freibad. Auf gut 2.000 m² schwimmen Sie mitten im Grünen. Kein Chlor, nur biologische Reinigung des Badewassers in separat angelegten Regenerationsteichen ist eines der Geheimnisse dieses besonderen Ortes. Nach dem Schwimmen lädt die großzügige Wiese zum Entspannen ein. Hunger? Dann ist es Zeit zur nur wenige Minuten entfernte Villa am Sattelberg aufzubrechen. Auch hier erwartet Sie Natur pur. Auf dem Teller wie mit weitem Blick. Feine Speisen, allesamt von höchster biologischer Qualität, zuvor der köstliche selbst gemachte Erdbeerschampus, sind ein Gaumen-Fest. Besonders gut ist das Filet vom Saibling aus dem Hochspessart an heimischen Kräutern gebraten, dazu gebutterte Kartoffeln, Fleisch-Liebhabern sei das Rumpsteak frisch vom Rost serviert mit Dörrfleischscheiben, gedünsteten Zwiebeln, frisch geriebenem Meerrettich und Bratkartoffeln empfohlen. Bleiben Sie in Ruhe auf der großzügigen Terrasse sitzen und lassen die Sonne untergehen. Den Sonnenaufgang genießen Sie am nächsten Tag, wenn Sie sich in einem der schönen Appartements einbuchen. Eine schöne Zeit mitten im Grünen!

Fotos Sattelberg: Villa am Sattelberg

Naturbad

Foto Naturbad: Markt Schöllkrippen

Plus **min.**

Villa am Sattelberg, Im Langenborn 17
63825 Schöllkrippen

Gebrüder Meurer
Der Ort an dem Zitronen blühen

Restaurant täglich ab 18 Uhr, Sonntagslunchbuffet von 11.30-14 Uhr
Toskanischer Garten und Gartenhaus So von 14-19 Uhr, bei schönem Wetter

Tel 06238 - 678

E-Mail info@restaurant-meurer.de
Web www.restaurant-meurer.de

Navi Hauptstraße 67, 67229 Großkarlbach (Achtung: Einfahrt liegt direkt in einer Kurve)

Plus Sich an einem sommerlichen Sonntag bei Wein und kleinen Köstlichkeiten am Gartenhaus toskanisch fühlen. Und anschließend im Hotel übernachten.

Hunde im Restaurant erlaubt, Hotel-Hunde-Gebühr 6 Euro/Nacht

> **Edle Toskana.** Zu den schönsten Gärten unserer Umgebung gehört der Toskana-Park der Gebrüder Meurer in Großkarlbach. Seit seiner Kindheit beschäftigt sich Wolfgang Meurer mit Pflanzen. Gemeinsam mit seinem Bruder Harry hat er aus dem elterlichen Weingut ein feines Hotelrestaurant mit südländischem Flair angelegt. Ein verwunschener Traum-Ort für einen lauen Sommerabend!

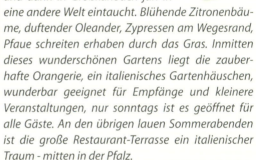

Nirgendwo ist die Pfalz toskanischer als bei den Gebrüdern Meurer. Italienisches Lebensgefühl umhüllt den Gast, der gerade noch übers pfälzische Weinstraßen-Hinterland fuhr und dann in Großkarlbach jäh in eine andere Welt eintaucht. Blühende Zitronenbäume, duftender Oleander, Zypressen am Wegesrand, Pfaue schreiten erhaben durch das Gras. Inmitten dieses wunderschönen Gartens liegt die zauberhafte Orangerie, ein italienisches Gartenhäuschen, wunderbar geeignet für Empfänge und kleinere Veranstaltungen, nur sonntags ist es geöffnet für alle Gäste. An den übrigen lauen Sommerabenden ist die große Restaurant-Terrasse ein italienischer Traum - mitten in der Pfalz.

Passend zum südlichen Gesamtbild ist auch die Küche mediterran. Wunderbar schmeckt die Meeresvorspeisenplatte mit Austern und Gambas, köstlich der Tatar vom gelben Thunfisch in asiatischer Sesam/Passionsfrucht-Marinade und der edle Steinbutt mit Spinat und Gnocchi. Auch die Weinkarte ist beachtlich mit Schwerpunkt auf pfälzische und italienische Lagen. Wer will, kann nach dem Essen sein Haupt in einem der schönen Zimmer des Gästehauses betten. Inmitten des Gartens, in dem die Zitronen blühen. Toskana pur!

Plus 60⁺ min.

**Gebrüder Meurer, Hauptstraße 67
67229 Großkarlbach**

Fotos: Gebrüder Meurer

Fotos: Werner Senger Haus

WERNER SENGER HAUS

Werner Senger Haus
Historisches Limburg

Mo - So von 11-23 Uhr, warme Küche von 12-14.30 Uhr und von 18 -22.30 Uhr

Tel   06431 - 69 42

E-Mail info@werner-senger-haus.de
Web   www.werner-senger-haus.de

Navi   Rütsche 5, 65549 Limburg-Altstadt

Plus   Besuch des Limburger Doms und Übernachtung in der Hofener Mühle, die nur zehn Auto-Minuten von Limburg entfernt in 65594 Runkel-Hofen liegt, Tel. 06482 - 339.
Anfahrt unter www.hofener-muehle.de
(Hunde sind in den Ferienwohnungen willkommen)

    Hunde erlaubt

Stadt Land Bach. *Auf halbem Weg von Frankfurt nach Köln liegt Limburg. Von weitem schon sieht man das imposante Wahrzeichen, den Limburger Dom. Und genau dort müssen Sie hin, mitten in die schöne Altstadt, ins Werner Senger Haus, dem ältesten Haus der Stadt. Nach einem Stadtrundgang schmecken hier sowohl historische Gerichte als auch die gute gehobene Küche. Wohl bekomm´s!*

In unserer Region gibt es Städte mit großer Geschichte, wie das schöne Limburg an der Lahn. Die Altstadt, am Fuße des beeindruckenden Domes, bestimmt von aus dem 13. bis 18. Jahrhundert stammenden Fachwerkbauten, ist eines der geschlossensten mittelalterlichen Stadtbilder. Ein weiterer Höhepunkt dieser historischen Umgebung ist das Werner Senger Haus, das älteste gastronomisch genutzte Gebäude Deutschlands. Es ist kein gewöhnliches Haus mit seiner Deckenhöhe von 4,50 m, es ist ein so genanntes Hallenhaus. Alte Mauern, gelebte Eiche überall, der offene Kamin, die behagliche Einrichtung, es fällt nicht schwer sich in vergangene Zeit zurückzuversetzen. Die Legende geht um, dass hier der legendäre Räuberhauptmann Schinderhannes eingekerkert gewesen sein soll. Oscar Brethouwer, Eigentümer des gemütlichen Restaurants, lässt Gerichte wieder aufleben, interpretiert sie zeitgenössisch. Die Schinderhannes-Beute: historisch gefüllter Braten auf Kraut und Schupfnudeln. Neben

historischer Kost schmeckt auch die gehobene Küche wie Lamm Provençal mit Knoblauch, Tomaten und Kräutern an sautierten Kenya-Bohnen, dazu Tomaten-Oregano-Polenta. Ein erfüllter Stadtausflug sollte mit einer Landpartie enden. Fahren Sie im Anschluss zur Hofener Mühle, einem 300 Jahre alten Kulturdenkmal. Das Anwesen mit Efeu berankten Fachwerkfassaden und alter Getreidemühle liegt mitten in zauberhafter Natur und bietet lauschige Plätze am Wasser, Wiesen und Wälder, Wanderwege in wunderschöner Landschaft. Das Beste: Gästezimmer und Ferienwohnungen laden zum Übernachten und schönem Frühstück am Bach. Schönes Wochenende!

Plus 60⁺ min.

Werner Senger Haus, Rütsche 5
65549 Limburg-Altstadt

Fotos: Hofener Mühle, Dr. Gernot Dorn

WARTENBERGER MÜHLE

Wartenberger Mühle
Ein Wochenende in der schönen Nordpfalz

Molino Di - So 11.30 - 14 Uhr, ab 18 Uhr,
Gourmet-Restaurant Mi - So ab 18 Uhr, So auch Mittagstisch

Tel 06302 - 92 34-0

E-Mail martin.scharff@t-online.de
Web www.wartenberger-muehle.de

Navi Schlossberg 16, 67681 Wartenberg/Pfalz (Anfahrt siehe Homepage)

Plus *Wie wäre es mit einer Runde Golf ? Die 18-Loch-Meisterschaftsanlage im Golfclub am Donnersberg (ca. 10 min. vom Hotel), oder die 9-Lochanlage des Golfclubs Barbarossa Kaiserslautern – einer der zehn schwersten Plätze Deutschlands (ca. 25 min. vom Hotel). Oder Sie belegen einen der lebendigen Kochkurse im Hotel!*

Raucherlounge nach Absprache

Hunde nicht erwünscht

Gesamtkonzept. *Die Gastronomie mit einem Michelinstern geadelt, die Architektur des Dreiseithofs aus dem 16. Jahrhundert stimmig und eindrucksvoll, die Gastfreundschaft herzlich und professionell, die Umgebung saftig grün. Ein kultivierter Ort zum Wohlfühlen, das ist die Wartenberger Mühle im nordpfälzischen Donnersbergkreis, nur 12 Kilometer von Kaiserslautern entfernt. Harmonisch fügt sich hier moderne Architektur und alte Bausubstanz zu einem glanzvollen Ganzen. Ein Wochenende mit Stil!*

Die Wartenberger Mühle ist ein Platz, an dem Sie mit allen Sinnen genießen können. Modernes Design harmonisiert perfekt mit der 1000-jährigen Geschichte des Gebäudes. Das historische, stimmungsvolle Kreuzgewölbe mit seinem klaren Interieur ist wie gemacht für die ideenreichen, kulinarischen Kreationen von Martin und Peter Scharff, deren Küche seit 2001 mit einem Michelinstern geadelt ist. Genießen Sie die wechselnden feinen Menüs, die in Auszügen zum Beispiel so klingen können: Schottischer Seeteufel mit Langostinos, Fenchel und Orangenbisque oder Müritzlammrücken mit Mimolette, Salbeipolenta und Gewürztomaten. Als Dessert die verkehrte Birnentarte mit Felchlinschokolade und Rosmarin. Dazu passen die perfekt abgestimmten Weine. Für ein romantisches Dinner gibt es keinen schöneren Ort. Oder etwa doch? Die mediterrane Gartenterrasse mit herrlichem Blick ins Lohnsbachtal ist bei schönem Wetter ein südlicher Traum. Hier sitzen Sie am einmalig schönen, duftenden Kräutergarten, der mit 80 ver-

schiedenen Kräutern ganz frisch die Zutaten für die jahreszeitliche, französisch-mediterran orientierte Küche liefert. Wem der Gusto mehr nach einer feinen Kleinigkeit ist, der wählt Bistro & Vinothek. Unter der freigelegten roten Ziegeldecke schmeckt hier leichte Bistroküche. Wer sich nach einem feinen Essen nicht mehr hinters Steuer setzen möchte, kann im Hotel übernachten und sich auf das Frühstück, das bei gutem Wetter auch auf der Gartenterrasse eingenommen werden kann, freuen. Schönes Wochenende!

Fotos: Wartenberger Mühle

Plus 60⁺ min.

**Wartenberger Mühle, Schlossberg 16
67681 Wartenberg/Pfalz**

Alte Villa
Café-Oase im Wispertal

Von Ostern bis Weihnachten von 11 - 18 geöffnet, Di und Mi sind Ruhetage

Tel   06726 - 12 62

E-Mail kontakt@ alte-villa.net
Web   www.alte-villa.net

Navi   Wispertalstraße, 65391 Lorch

Plus   Spaziergang durch das romantische Wispertal und anschließend durch die Galerie.

guterzogene Hunde im Café und Zimmer (Übernachtung) erlaubt

Kultiviertes Kaffeekränzchen im Grünen. Es gibt Orte, die der perfekte Rahmen für ein redseliges Freundinnen-Treffen sind. Die Alte Villa bei Lorch ist solch ein wunderbarer Platz. Packen Sie Zeit und bequeme Schuhe ein, um eine Stunde später in einer anderen Welt auszusteigen. Auf der Terrasse schmeckt der selbst gebackene Kuchen ganz besonders. Wer es deftig mag, wird in der feinen Vesperkarte fündig.

Hinter Lorch am Rhein in Richtung Bad Schwalbach schlängelt sich das Wispertal wildromantisch entlang des Wild- und Forellenbaches Wisper, quer durch das Rheingauer Gebirge. Am Anfang dieses idyllischen Tals liegt verträumt die Alte Villa, ein ehemaliges Jagdhaus aus dem 19. Jahrhundert. Das Herz des verwunschenen Anwesens ist Hausherrin und Gastgeberin Heidi Klessinger. Neben dem Café, das viele Jahre ein hochwertiges Restaurant war, eröffnete sie eine Galerie, in der Künstler in einzigartiger Atmosphäre ihre Objekte ausstellen. Die Alte Villa ist ein ganz besonderer Ort der Kultur und Gastfreundschaft. Auf der Terrasse mit Blick in den Park schmecken Kaffee und selbstgebackener Kuchen oder ein Glas Wein mit kleinen Wild- und Lammspezialitäten besonders gut. Wenn am Wochenende viele Gäste kommen, kann es sein, dass man auf seine Bestellungen ein wenig wartet. Daran kann selbst die „schnelle Erna", wie die freundliche Bedienung liebevoll genannt wird, nichts ändern. Einfach entspannt darüber wegsehen. Wer in dieser Idylle erwachen möchte, kann in einem der sieben Zimmer nächtigen.

Plus 60⁺ min.

Alte Villa, Im Wispertal
65391 Lorch/Rhein

Taufsteinhütte
Wanderbarer Vogelsberg

Mi- So 11.30-23.30 Uhr, Mo, Di Ruhetag

Tel   06044 - 23 81

E-Mail info@ taufsteinhuette.de
Web   www.taufsteinhuette.de

Navi   Taufsteinstraße (oder Hoherodskopfstraße), 63679 Schotten (Vogelsbergkreis)

Plus Perfekt ausgeschriebene Wanderwege rund um den Hoherodskopf und durch den Naturpark Hoher Vogelsberg (www.naturpark-hoher-vogelsberg.de), die nahe Sommerrodelbahn (www.wiegandslide.com/hoherodskopf-sommerrodelbahn.html) ist ein Highlight für Kinder, und seit neuestem gibt es einen Klettergarten (www.kletterwald-hoherodskopf.de)!

Hunde gerne nach Absprache

Feine Hütten-Küche. Machen Sie doch mal einen Familienausflug in den nahen Vogelsberg. Im Winter mit Schlitten, im Sommer mit Wanderschuhen. Hier kommen Kinder auf Skipiste oder Sommer-Rodelbahn und Eltern bei wunderschönen Wanderrouten auf ihre Kosten. Und beim Einkehren in der Taufsteinhütte sind sich alle einig: Es schmeckt hier ganz einfach wunderbar! Da bleiben.

In unmittelbarer Nähe des Hoherodskopfes liegt die gemütliche Taufsteinhütte. Im Winter lodert der Kamin in der rustikalen Stube, im Sommer lockt die Terrasse mit herrlichem Blick auf den Hoherodskopf und die schöne, für den Vogelsberg typische Landschaft. Seit 1993 umhegt Familie Carnier ihre Gäste mit guter Küche und zuvorkommendem Service. Viele saisonale Produkte werden in der Küche verwendet, die Spargelsaison ist ein feines Highlight, frische Pfifferlinge in verschiedenen Variationen läuten den Herbst ein, und besonders beliebt sind im März / April die Vogelsberger Lammwochen. Ein Candle-Light-Dinner mit feinen korrespondierenden Weinen, dafür ist dieser Ort prädestiniert. Garant für die gute Küche ist der Chef selbst, er steht höchstpersönlich in der Küche. Und wer sich nach einem feinen Schmaus nicht mehr ins Auto setzen möchte, kann in einer der fünf rustikal eingerichteten Ferienwohnungen übernachten. Ein wunderbarer Wochenendausflug – egal zu welcher Jahreszeit!

Fotos: Taufsteinhütte

Plus 60⁺ min.

Taufsteinhütte, Außerhalb 24
63679 Schotten

Schoppen Franz

Bayrische Schanz

www.Die-3-im-Spessart.de
Ausflug nach Bayern

Schoppen Franz
Mai - Ende Okt Mi - So u. Feiertage ab 12 Uhr
Nov - Mai Fr ab 15 Uhr, Sa, So u. Feiertage ab 12 Uhr

Tel	09358 - 352
Web	www.schoppenfranz.de
Navi	An der Homburg 1, 97780 Gössenheim

Bayrische Schanz
Mai - Ende Okt Mi - Fr 11 - 20 Uhr
Sa, So u. Feiertag 10 - 20 Uhr
Nov - Mai Sa, So u. Feiertag 10 - 20 Uhr

Tel	09355 - 618
Web	www.bayrische-schanz.de
Navi	Schanzstraße, 97816 Ruppertshütten

Gut Dürnhof
Mo - Do 17.30 - 22 Uhr,
Fr, Sa, So. u. Feiertag 11.00 - 14 Uhr, 17.30 - 22 Uhr

Tel	09354 - 10 01
Web	www.mein-hotel.info
Navi	Burgsinner Straße, 397794 Rieneck
Plus	Schifffahrt auf dem Main
🐾	Hunde erlaubt

> **Gastro-Trio.** Verleben Sie ein Wochenende im schönen Spessart: Natur-Hotel, uriges Gasthaus und Weinschänke mit einmaligem Blick. Alle drei Orte sind in Familienhand und nicht weit voneinander entfernt. Ein wunderbarer Ausflug in die bayerische Natur!

Vor einigen Jahren hat das Ehepaar Lothar und Christel Münch ihre drei malerischen Gast-Häuser an ihre Kinder weitergegeben. Eines ist besonderer als das andere, und alle sind knappe 30 Autominuten voneinander entfernt: ein Hotel, einst Königsgut der Grafen von Rieneck, eine Weinschänke, direkt an der zweitgrößten Burgruine Deutschlands, und das höchstgelegenste Wirtshaus im Spessart. Jedes für sich ist ein kleines Schmuckstück. Das Hotel Gut Dürnhof, im Jahre 1356 zum ersten Mal erwähnt, ist der behagliche Ausgangspunkt für Ausflüge, ein Rundum-Wohlfühlort. Natur satt, gemütliche Zimmer, Panorama-Hallenbad, finnische Sauna und ein hauseigener See zum Umrunden oder Angeln. Auf der Speisenkarte stehen regionale Gerichte aus Zutaten von kleinbäuerlichen Betrieben aus der Umgebung und von Weingütern der Region. Und diese Region ist es, die Sie von hier aus wunderbar erkunden können. Machen Sie einen Ausflug zur Bayerischen Schanz, der historischen Waldschänke. Hier kann man in wunderbarer Natur spazieren und danach in den idyllischen Biergarten oder in die gemütlichen Stuben einkehren. In der ehemaligen Zollstation gibt es köstlichen Kuchen und regionaltypische Schmankerl, wie Hirschgulasch mit Preiselbeeren, Blaukraut und Kartoffelklößen oder Zollstation Kutschenteller mit Bratwurst, gebratener Leber- und Blutwurst. Sehr beliebt sind Rezepte aus Omas Zeiten oder saisonale Highlights, wie Fisch, Weidelamm, Wild oder Gans. Letztes, aber wunderschönes Glied in der Spessart-Perlenkette ist die Weinstube Schoppen Franz, mit einem der schönsten Ausblicke weit und breit. Einen Sonnenuntergang von der Terrasse aus mit regionaltypischen Schmankerl, dazu einen feinen fränkischen Weiß- und Rotwein, sollte man unbedingt erlebt haben!

Gut Dürnhof

Fotos: Die Drei im Spessart

Plus 60+ min.

www.die-3-im-Spessart.de

Einkaufen

Einkaufen mal anders. Es gibt sie, die besonderen Einkaufsadressen. Den alteingesessenen Bauern vor den Toren Frankfurts, die Einkaufshalle der Gastronomen, den italienischen Supermarkt, den Obsthof mit idyllischer Schoppenwirtschaft, die Senfgalerie. Probieren Sie eine der Adressen in und um Frankfurt beim nächsten Einkauf aus!

Onkel Emmo – Einkaufen und essen wie bei Tante Emma

Onkel Emmo, das ist ein Lädchen im Frankfurter Westend voller italienischer Delikatessen, wie selbst gemachte Pasta. Das liebevolle Wortspiel mit dem nahezu ausgestorbenen Tante-Emma-Laden bringt es auf den Punkt. Sobald man die Schwelle überschreitet, fühlt man sich zurückversetzt in die Zeit des Einkaufens mit Herz und Verstand. Bei Cammaratas gibt es all das, was ein gut sortierter Kramerladen führen sollte plus italienische Schmankerl mit einfach nachzukochenden Rezepten. Das I-Tüpfelchen: der köstliche Mittagstisch. Wochentags wird das Lädchen zur authentischen Steh-Trattoria: Pasta mit feinen Soßen und Salat zu vernünftigen Preisen. Charmant!

Mo, Di, Mi, Fr 9.30-14.30 Uhr, 16-19 Uhr, Do 9.30-15 Uhr, Sa 8.30 - 13.30 Uhr
Tel: 069 - 72 77 09
Adresse: Altkönigstraße 3, 60323 Frankfurt-Westend

Venos – Feinkosthalle der Gastronomen

Kaufen Sie dort, wo auch die Gastronomen kaufen: in der nahen Feinkosthalle Venos. Nüchterne Regale bis zur Decke, italienische Pasta, frische Kräuter in der Frischekammer. Das Beste: der „Fischraum" in dem man u. a. Top-Thunfisch, Dorade und Lachs in Sushi-Qualität findet. Klasse sind auch die original italienischen Salamisorten und das eingeschweißte argentinische Rinderfilet. Bei Venos geht es nicht um aufwendige Präsentation der Ware, sondern um die einmalige Auswahl verschiedener mediterraner Spezialitäten zu vernünftigen Preisen. Wenn Sie den Samstag als Einkaufstag wählen, kommen Sie früh, bevor es die anderen tun!

Täglich von 8-18 Uhr, samstags von 8-14 Uhr
Tel: 069 - 97 10 13-0
Adresse: Rödelheimer Landstraße 75, 60487 Frankfurt-Rödelheim

Obsthof Schneider – Die wahre Liebe zum Apfel

Der Obsthof Schneider ist weit und breit bekannt für höchste Apfel-Güte. Im Hofladen gibt es Früchte, Apfelweinspezialitäten, Perl- und Schaumweine, Obstbrände, Fruchtsäfte, Gelees und Marmeladen. Der Hit, im Sommer wie im Winter, ist die Schoppenwirtschaft. Bei gutem Wetter sitzt man mit weitem Blick auf verstreuten Bänken unter Obstbäumen und lässt sich u. a. schmecken: Handkäs mit Musik, Tomate/Dozzarella - die hessische Antwort auf Mozzarella mit frischem Basilikum, Schlingel-Kringel: Lammfleischwurst gebrüht mit Brot und Senf, Bratwurst vom Schwein, Rind oder Lamm, frisch vom Grill. Dazu köstlichen Apfelwein. Prima!

Schoppenwirtschaft
Tel: 06101 - 41 52 2
Ostern - Ende Oktober Do, Fr ab 15 -22 Uhr, jeden Sa und So 11- 22 Uhr,
November - Ostern Sa und So 11-19 Uhr
Hofladen
November bis Ostern werktags von 12-19, Samstag 10 - 19 Uhr
ab Ostern 10-19 Uhr werktags, Samstag 10 -22 Uhr
Adresse und Navi: Am Steinberg 24, 60437 Frankfurt Nieder-Erlenbach

Dottenfelder Hof – Ökologisch Einkaufen bei Bad Vilbel

Im Hofladen dieses Demeter-Hofes mit biologisch-dynamischer Landwirtschaft erwartet Sie ein reichhaltiges Öko-Vollsortiment. Frisches Brot kauft man in der Hofbäckerei, Wurst und Fleisch von Tieren aus ökologischer Haltung in der Metzgerei. In der Hofkäserei bekommt man Milcherzeugnisse, Produkte der Region und internationale Spezialitäten. Kleine Pause? Auf der Terrasse schmecken feine Kleinigkeiten. Ein schöner Einkauf, auch gemeinsam mit Kindern, die die Atmosphäre eines Bauernhofes live mitbekommen, Tiere in den Ställen besuchen, einen Blick in die Käserei werfen und den Landwirten bei der Arbeit zuschauen dürfen.

Mo - Fr 9-19 Uhr, Samstag 8.30-16 Uhr
Tel: 06101 - 52 96 20
Web: www.dottenfelderhof.de, E-Mail info@dottenfelderhof.de
Navi: 61118 Bad Vilbel, Büdingerstraße, bis Schild nach links auftaucht
Adresse: Dottenfelderhof, 61118 Bad Vilbel

Einkaufen

Meta – Supermercato in Frankfurt am Main

Das Verwöhnen mit hochwertigen, italienischen Lebensmitteln ist seit 1992 das Anliegen unseres angesehenen Groß- und Einzelhandels. Wer italienische Lebensmittel sucht, kommt an Meta nicht vorbei. In Italien findet man Supermärkte wie diesen in jeder kleinen Ortschaft, aber hier in Frankfurt ist er einmalig. Weine, landestypische Spirituosen, Kaffee, Espresso, Pasta, Tomaten- und Thunfischkonserven, Oliven, Kapern, Anchovis, Öl, Essig, alles gibt es hier. Ausgesprochen empfehlenswert ist das begehrte Brot und das ‚banco', sprich die Frischwursttheke (Parma-Schinken, Mortadella,…) sowie die klasse tiefgefrorene Steinofen-Pizza!

Mo - Fr 8 -18.30 Uhr, Sa 8 -16 Uhr
Tel: 069 - 23 92 41
Web: www.me-ta.de, E-Mail: info@me-ta.de
Navi: Hanauer Landstraße 208-216, 60314 Frankfurt/Hinterhof
Adresse: Hanauer Landstraße 208-216, 60314 Frankfurt-Ostend

Gärtnerei Schecker – Köstliches vom Bauern

Oberrad, Im Teller 21. Diese Adresse, zwischen Schrebergärten am Stadtwald, ist einfach der Hit. Hier, in einer kleinen ausgebauten Lagerhalle, bekommen Sie wundervolle Dinge, die Sie sonst in dieser Qualität und Konzentration nirgends finden. Zuallererst die sensationelle Grüne Soße, selbst gemachte Suppen, Marmeladen, Rindsrouladen, Brot, Käse, Wurst, Weine, Obst, Gemüse. Und alles frisch, fein und zu vernünftigen Preisen. Sensationell!

Mo - Fr von 8.30 - 18 Uhr, Sa von 8.30 - 15 Uhr
Tel: 069 - 65 50 50
Web: www.schecker.com
Adresse: Gartenbaubetrieb R. Schecker, Im Teller 21, 60599 Frankfurt-Oberrad

Frankfurter Senfgalerie – Edler Senf & mehr

Hier in der Schweizer Straße, gerade mal 50 Meter vom Mainufer entfernt, bekommen Sie über 100 Sorten edlen Senf. Und damit nicht genug, auch Chutneys, pikante Saucen, Biomarmeladen, Öl und Essig und vieles mehr finden Sie in dem schönen Lädchen, liebevoll präsentiert von der Inhaberin Frau Sels. Für Senfliebhaber führt kein Weg vorbei an der Frankfurter Senfgalerie mitten in Sachsenhausen.

Mo - Mi 10 - 18 Uhr, Do - Fr bis 10 - 19 Uhr, Sa 10 - 18 Uhr
Tel: 069 - 36 60 44 35
Web: www.frankfurter-senfgalerie.de, E-Mail: frankfurter-senfgalerie@gmx.de
Adresse: Schweizer Straße 18, 60594 Frankfurt-Sachsenhausen

Kafferösterei Wissmüller – Nostalgie auf kleinstem Raum

Ganz versteckt im Hinterhof liegt diese authentische Rösterei, ein Frankfurter Familienbetrieb, gegründet 1948. Es scheint, als sei die Zeit stehen geblieben, schon das Betreten des Lädchens wirkt entschleunigend. Der Service ist sehr freundlich, oft wird man beim Einkauf zu einem Tässchen Kaffee eingeladen. Das Kaffeeangebot (über 20 Sorten!) ist herkunfts- und variantenreich und von ausgezeichneter Qualität. Zudem gibt es über 15 Teesorten. Liebhaber sammeln die schönen Wissmüller-Tassen, Bastler können Kaffeesäcke erstehen. Ein liebenswerter Ort!

Mo-Fr 8-18.30 Uhr, Sa 9-14 Uhr
Tel: 069 - 77 18 81
Adresse: Leipziger Straße 39, 60487 Frankfurt-Bockenheim

Impressum

Autorin	Ulrike Klinke-Kobale
Kreativ-Direktion und Projektsteuerung	Michaela Hofer
Layout, Gestaltung und Reinzeichnung	lumilo – Netzwerk für Kommunikation, Print + digitale Medien (www.lumilo.de)
Fotos und Bildbearbeitung (wenn nicht anders vermerkt)	lumilo – Netzwerk für Kommunikation, Print + digitale Medien
Recherche	Max Klinke
Beratung	Katja Klodt-Bussmann
Lektorat	Lena Langensiepen
Druck	betz-druck GmbH

Herausgeberin
Ulrike Klinke-Kobale
Liebigstraße 27b
60323 Frankfurt am Main
E-Mail   info@frankfurtplus44.de
Web   www.frankfurtplus44.de

ISBN   978-3-00-026488-7
1. Auflage 2009

Die Auswahl der Adressen ist eine rein subjektive, hat also keinen Anspruch auf Vollständigkeit. Alle Daten erfolgten auf der Grundlage aktueller Angaben und sorgfältiger Prüfung. Sämtliche Inhalte wurden nach bestem Wissen und Gewissen sowie mit der größtmöglichen Sorgfalt recherchiert und bearbeitet. Uns übermittelte Angaben erheben jedoch keinen Anspruch auf Vollständigkeit und sind ohne Gewähr, so können wir auf die absolute Vollständigkeit und Richtigkeit aller Informationen keine Gewähr leisten. Das Werk, einschließlich aller seiner Teile ist urheberrechtlich geschützt, jede urheberrechtswidrige Verwertung ist unzulässig. Das gilt insbesondere für Vervielfältigung, Übersetzungen, Nachahmungen, Mikroverfilmung sowie die Einspeicherung und Verarbeitung in elektronische Systeme. Alle in diesem Buch verwendeten Logos, Firmennamen oder sonstige Marken sind das Eigentum der jeweiligen gastronomischen Betriebe und u.U. urheberrechtlich geschützt.

In Liebe für Jo
In Dankbarkeit für Hannelore und Dr. Manfred Kobale

Platz für Notizen

Platz für Notizen